CANLLA

CW00821626

Canllaw Astudio Gomer

ELERI DAVIES

ar gyfer

Y Stafell Ddirgel

MARION EAMES

Gomer

Argraffiad cyntaf – 2001
Ail argraffiad – 2008

ISBN 978 1 84323 061 8

ⓗ Eleri Davies

Adargraffwyd â chefnogaeth CBAC.

Argraffwyd gan
Wasg Gomer, Llandysul, Ceredigion SA44 4JL

Cynnwys

Bwriad y Llyfr

- Eich arwain drwy'r testun gan gynnig cynghorion ymarferol.
- Eich helpu i ddeall y cefndir crefyddol, hanesyddol, a hanes y cymeriadau eu hunain.
- Eich cynorthwyo i ddadansoddi'r cynnwys, ei werthfawrogi a'i fwynhau.
- Eich galluogi i ddeall strwythur y nofel a'r amrywiol themâu sy'n eu hamlygu eu hunain o fewn ei chloriau.
- Pwysleisio elfennau iaith ac arddull.
- Profi a chadarnhau gwybodaeth.
- Hwyluso'r gwaith o baratoi ar gyfer arholiad.

Cydnabyddiaeth

Diolch i Mairwen Prys Jones am y syniad y tu ôl i'r gyfres; i Bethan Mair am gyfarwyddo'r gwaith; i Louise Jones am waith teipio a chysodi arbennig o raenus; i holl staff Gwasg Gomer am eu hynawsedd a'u cymorth.

I S4C, ac yn enwedig i Elin Jenkins, am fenthyg y lluniau. Tynnwyd pob llun yn ystod ffilmio *Y Stafell Ddirgel*, Ffilmiau'r Bont ar gyfer S4C.

Yng Ngenau'r Awdur

Ceisio atgynhyrchu'r hanes mewn ffordd gyffrous ond gwir oedd f'amcan.

Does dim pwrpas ysgrifennu nofel hanes onid yw'n taflu goleuni o ryw fath ar heddiw.

Roeddwn wedi fy nghyfareddu gan yr hanes.

Nid pwrpas nofel yw pregethu.

Y Crynwyr oedd y man cychwyn.

Yr hyn sy'n bwysig yw fod yna wirionedd sylfaenol yn y stori sy'n llefaru ar draws y canrifoedd.

Gall pobl fod yn garedig ac yn dyner fel unigolion, ac yn gythreulig mewn torf.

Bûm yn meddwl llawer cyn hyn am gwestiwn cydwybod, a pha effaith mae cydwybod un person, a chanddo syniadau amhoblogaidd neu beryglus, yn ei chael ar ei deulu sy'n anghytuno ag ef.

Rydw i'n argyhoeddedig na fedrwch chi ddim sgrifennu nofel hanes oni bai eich bod chi'n gweld cysylltiad rhwng y digwyddiadau a'r byd rydach chi'n byw ynddo heddiw.

Sut i Astudio Nofel

- Bydd gofyn i chi ddarllen y nofel sawl gwaith. Darllenwch yn gyflym y tro cyntaf. Yna ewch drwy'r llyfr â chrib fân. Bydd darllen pellach yn help i chi gael syniadau newydd ac i gofio manylion y stori.

- Gwnewch nodiadau ar y themâu, y plot a'r cymeriadau, gan sylwi sut y mae'r plot yn newid rhai ohonynt.

- Sylwch a ydy'r nofel yn dilyn patrwm cronolegol. Oes yna ôl-fflachiau?

- Sut y mae'r stori yn cael ei hadrodd – gan un o'r cymeriadau neu gan adroddwr hollwybodol? Ai'r un person sy'n adrodd y stori drwy'r nofel i gyd? Ydyn ni'n gweld y digwyddiadau i gyd o safbwynt un neu fwy o bobl?

- Pa gymeriadau y mae'r adroddwr yn eu hoffi? Pa rai y mae'n eu casáu? Ydy'ch ffordd chi o edrych ar y cymeriadau yn newid?

- A allai'r awdur fod wedi ysgrifennu'r stori mewn ffordd wahanol? Beth fyddai'r gwahaniaeth pe bai un o'r cymeriadau eraill wedi adrodd yr hanes?

- Cofiwch! Mae astudio ar eich pen eich hunan yn gofyn am HUNANDDISGYBLAETH a CHYNLLUN TREFNUS.

Nofel Hanesyddol

- Mewn nofel hanes mae'r awdur yn gaeth i nifer o elfennau:
  - Y ffeithiau hanesyddol sy'n gefndir i'r digwyddiadau.
  - Y dyddiadau sy'n rhoi fframwaith i'r stori.
  - Manylion am y cymeriadau sydd wedi eu croniclo eisoes.
  - Digwyddiadau pwysig yn eu bywydau y mae'n rhaid i'r awdur gyfeirio atynt.
  - Lleoliad y digwyddiadau.

- Camp y nofelydd hanes yw gweu'r holl elfennau hyn i mewn i'r stori gan osgoi unrhyw gyfeiriadau neu ffeithiau anghywir neu anachronistaidd.

Beth sy'n gwneud nofel dda?

- Cymeriadau
  - Rhaid i nofel dda gyflwyno cymeriadau byw sy'n argyhoeddi.
  - Nid yw'r disgrifiadau corfforol yn hollbwysig; gallant ddadlennu gwir natur eu cymeriad drwy'r hyn a wnânt a thrwy ryngweithiad â'r cymeriadau eraill.

- Deialog
  - Rhaid wrth ddeialog sy'n swnio fel iaith naturiol. Gall fod yn gymorth i adlewyrchu dosbarth, cenhedlaeth a theip y cymeriadau sy'n cael eu portreadu.

- Plot
  - Nid cyfres o ddigwyddiadau digyswllt a geir mewn nofel dda. Yn hytrach fe fyddant yn cydblethu i'w gilydd mewn ffordd gelfydd. Rhaid i bob digwyddiad godi'n naturiol o'r digwyddiadau blaenorol a bod yn ganlyniad rhesymegol ac emosiynol iddynt. Gall yr awdur ddefnyddio'r plot i arddangos nodweddion cymeriad neu i gyflwyno rhyw agwedd arbennig ar fywyd.

- Awyrgylch
  - Bydd y nofelydd da yn llwyddo i greu awyrgylch arbennig ac i gyfleu naws y lle i'r darllenydd.

- Delwedd/Symbolaeth
  - Gall y nofelydd wneud defnydd o'r tywydd neu'r tirlun er mwyn ein paratoi ar gyfer prif themâu a digwyddiadau allweddol y nofel.

- Ansawdd y Rhyddiaith
  - Bydd y nofelydd da yn ymwneud â'r gwirionedd yn bennaf.
  - Bydd yn hollol ddidwyll wrth archwilio teimlad ac emosiwn.
  - Bydd yn gwneud ymdrech arbennig i ddewis y gair cywir yn y lle cywir, gan roi yr un parch i ystyr, cysylltiadau, ansawdd a lliw geiriau ag y bydd bardd yn ei ddangos mewn cerdd.

Y Cefndir

Cyn ysgrifennu'r nofel roedd rhaid i Marion Eames wneud ymchwil mewn tri maes gwahanol: I. Y Cefndir Hanesyddol; II. Y Cefndir Crefyddol; III. Ffeithiau am y bobl eu hunain.

I. Y Cefndir Hanesyddol

Roedd yn ofynnol i'r awdur ddeall hanes Siarl I a pham y daeth i wrthdrawiad ag Olifar Cromwell, yn ogystal â hanes yr Adferiad a theyrnasiad Siarl II. Mae'r nofel yn cychwyn yn y flwyddyn 1672, ddeuddeng mlynedd ar ôl yr Adferiad.

Yn ogystal â sicrhau bod y ffeithiau hanesyddol yn gywir, roedd rhaid cyfeirio at fanion megis beth oedd y bobl yn ei fwyta, pa wisg oedd ganddyn nhw, a pha fath ddodrefn oedd yn y tai yn y cyfnod hwnnw.

Nodweddion y Cyfnod (fel y cyfeirir atynt yn y nofel):

Gwisg/Ffasiwn
- Merched y werin yn gwisgo peisiau o wlanen goch. Merched bonheddig yn gwisgo gwisgoedd o sidan a melfed (edrychai Meg ymlaen at gael gŵn melfed glas wedi ei frodio â lliw hufen).

- Byddai'r gwas yn gwisgo clos ffustian a chrys gwlanen. Byddai Hywel Vaughan yn gwisgo clogyn ac yn cario cleddyf. Noson y parti roedd yn gwisgo gwisg ysgarlad a ryfflau gwynion am ei wddf a'i arddyrnau, gwasgod glaerwen a botymau o aur, rhubanau gwyrdd yn dal ffriliau ei drowsus, a berwig grychiog ddu.

- Roedd yr hen wraig, Betsan Prys, mewn carpiau llwyd di-liw.

- Fel un o'r Crynwyr roedd Jane Owen yn gwisgo plethen ar dop ei phen heb ddim arwydd o'r cyrliau a'r *fringes* a nodweddai wragedd eraill o'r un stad â hithau. Roedd y dynion yn gwisgo gwisg syber, a'r het megis wedi ei hoelio ar eu pennau.

Hywel Vaughan a'i wraig Lowri.

Cartref Mân Sgweier (Bryn-mawr)
• Gweithwyr yn cynnwys tri gwas a dwy forwyn.

• Cwpwrdd tridarn, setl, cist blawd ceirch, cigwain yn troi uwchben y tân, dwy fainc o boptu'r bwrdd, llawr cerrig, llestri piwtar.

• Bwyd – llymru; diod – cwrw a medd.

• Pannu dillad â golchbren yn nŵr yr afon, yna eu gwasgu â rholbren.

Meddyginiaeth
• Eli o lysiau'r cwlwm yn cael ei ddefnyddio gan Ellis Puw i wella coes Ifan Robarts. Clefyd y diciáu yn gyffredin iawn (Steffan yn dioddef ohono).

13

Ofergoelion

• Meg yn ofidus y byddai ei phlentyn yn cael ei eni a lwmpyn fel afal arno am ei bod hi'n bwyta afalau yn ddi-stop wrth ei gario.

• Yr hen arfer o foddi rheibes yn Nolgellau. Arferid trochi gwragedd tafodrydd yn afon Wnion. Pe llwyddai'r wraig i gadw ei phen uwchben y dŵr, roedd yn brawf fod ei henaid wedi gadael ei chorff a'r diafol wedi cymryd ei eiddo ei hun. Pe suddai roedd yn dangos ei bod yn ddieuog. Yn aml roedd y dystiolaeth hon yn dod yn rhy hwyr i achub ei bywyd. Dyna oedd tynged Betsan Prys a Dorcas.

Ymladd Ceiliogod

Pwll ceiliogod, a'r naill geiliog ar ôl y llall yn cael ei rwygo'n ddidrugaredd. Yn y diwedd roedd un ceiliog yn gorwedd a'i ymysgaroedd wedi eu gwasgaru ar hyd ac ar led y pwll. Teimlai Lisa gymysgedd o ffieidd-dra a phleser aflan, hyll wrth wylio'r peth.

Anterliwt

Chwarae neu ddrama boblogaidd lle byddai dau ddyn yn prancio fel ebolion ar y wagen. Cafodd Lisa hwyl yn gwylio'r Ffŵl.

Ffair Calan Mai

Yn ystod swper nos Calan Mai gellid darganfod drwy hud pwy fyddai eich cariad am y flwyddyn. Byddai'r morynion yn addurno ffenestri'r tai â lafant, rhos a lili. Wrth ddawnsio dawns y fedwen byddai'r bechgyn a'r merched yn symud yn ôl ac ymlaen nes bod patrwm cymhleth o rubanau yn ymddangos ar dop y fedwen. Cynyddai'r patrwm fel neidr amryliw wrth i'r rhubanau fyrhau a'r dawnswyr ddod yn nes ac yn nes at y fedwen. Yn y diwedd byddai pob modfedd o'r fedwen wedi ei gorchuddio gan ei siaced fraith o liwiau. Byddai'n arferiad i ddod â rhuban yn ôl yn bresant o'r ffair. Pren tebyg i geffyl wedi ei wisgo â chot goch a gwasgod felen oedd y Cadi Ha, a byddai'r dorf yn gweiddi 'Hwrê i'r Cadi!'

Huw Morris a Lisa Robarts.

Y Plygain
Yn ystod y Plygain byddai torf o bobl hanner meddw yn ymlwybro i'r eglwys gyda'r plant bach yn cario canhwyllau.

Crefydd
Ymddengys mai safon isel oedd i grefydd yn yr eglwys. Thomas Ellis y Rheithor oedd y cyntaf yn y Ceffyl Gwinau ar ôl y gwasanaeth, a'i arian ef oedd yn sgleinio ar y cownter o flaen pawb arall. Clywn am y Person yn dod i dŷ yr ustus ben bore yn feddw gaib.

Addysg
Ychydig a gâi gyfle i gael addysg dda. Roedd Rowland Ellis yn ffodus, ond ei was heb gael cyfle i ddysgu darllen. Nid oedd y bobl gyffredin yn deall llawer o Saesneg. Dyma brofiad Lisa yn yr

anterliwt, a sylweddolodd Jeremy Mellor ei bod yn anodd pregethu i'r bobl a hwythau heb ddeall Saesneg.

Deddfau'r Cyfnod
- Deddf y Tai Cyrddau

- Y Ddeddf Oddefiad (yn rhoi mwy o ryddid i'r Crynwyr)

- *Praemunire* (hen ddeddf o ddyddiau Mari Waedlyd yn cael ei defnyddio fel esgus i gosbi'r Crynwyr)

Roedd rhaid i'r bobl dalu degwm i'r eglwys a thyngu llw o wrogaeth i'r brenin. Roedd y Crynwyr yn gwrthod ar sail cydwybod.

Cymortha
Casgliad ar gyfer gweddwon.

Gwerth
Yn yr Arbrawf Sanctaidd ym Mhennsylvania, cost tŷ a sgubor oedd £15.10s. Roedd rhaid neilltuo £24.10s ar gyfer y stoc.

II. Y Cefndir Crefyddol
Yn ystod y cyfnod hwn roedd Pabyddiaeth wedi ei gwahardd yn swyddogol, ond mynnai rhai fod dynion mewn uchel leoedd ac o bosibl y brenin ei hunan yn dal i goleddu'r hen ffydd. Roedd y werin bobl yng Nghmru yn geidwadol ac yn dal i lynu wrth yr hen bethau.

Beth yw arwyddocâd y teitl 'Y Stafell Ddirgel'?
O eiriau Morgan Llwyd y cafodd Marion Eames y teitl i'w nofel:

'Dos i mewn i'r stafell ddirgel yr hon yw goleuni Duw ynot.'

Pwysleisiai George Fox, arweinydd y Crynwyr, nad credoau'r eglwys oedd yn bwysig ond y goleuni yng nghalon yr unigolyn, a bod y goleuni hwnnw yn tarddu oddi wrth Dduw drwy'r Beibl. Daliadau crefyddol yw canolbwynt y nofel, a helyntion mudiad amhoblogaidd, mudiad lleiafrif bach o'r boblogaeth o dan erledigaeth, a ddisgrifir.

Pwy oedd y Crynwyr?
Cychwyn yr achos yng Nghymru oedd ymweliad Siôn ap Siôn a'r arweinydd George Fox yn 1653. Bu'r achos yn llwyddiannus yn ystod y blynyddoedd nesaf gyda thai cyrddau yn Nolserau, Dôl-gun, Yr Hendre, Tyn-clawdd a Bryn-mawr.

O ble daeth yr enw?
Enw sarhaus oedd y term 'Crynwyr'. Pan ymddangosent o flaen y llys i ddadlau eu hachos, crynent gan angerdd wrth fynegi eu hargyhoeddiad, a glynodd yr enw wrthynt.

Rhesymau dros eu herlid
Roedd Pabyddiaeth wedi ei gwahardd yn swyddogol a chredai rhai mai Pabyddion dirgel oedd y Crynwyr, yn ceisio adfer yr hen grefydd. Credai eraill mai cynllwynwyr yn erbyn y Senedd oeddynt, gyda'r bwriad o ddymchwel yr hyn a enillodd y Rhyfel Cartref.

Beth oedd eu cred?
Mewn llys barn deuai'r Crynwyr i drybini am eu bod yn gwrthod cymryd llw o wrogaeth i'r brenin. Fel yr eglurodd Rowland Ellis, nid oherwydd diffyg parch i'r brenin y gwnaent hyn, ond oherwydd bod Duw wedi gorchymyn nad oeddynt i dyngu llw o gwbl. Defnyddiai'r barnwr hyn fel esgus i ddwyn y cyhuddiad o 'praemunire' yn eu herbyn er mwyn eu cadw yn y carchar.

Roedd arferion y Crynwyr yn eu gwneud yn bobl ar wahân. Ni allai Huw Morris gredu y byddai neb yn ddigon twp i ddweud y gwir petai celwydd yn hwylusach. Chwarddai'r bobl am ben y Crynwyr oherwydd y wisg syber, yr het megis wedi ei hoelio ar y pen, y gwrthod moesymgrymu, a'r ti a'r tithe byth a hefyd.

Amlwg eu bod yn bobl ddiffuant ac yn gwbl argyhoeddedig o'r hyn yr oeddynt yn ei bregethu, sef nerth y goleuni oddi mewn:

> 'Mewn cymundeb ysbryd â Duw ei hunan y mae dod o hyd i'r goleuni oblegid mae'r goleuni yn goleuo'r stafell ddirgel yng nghalon pob dyn.'

Credent mai neges Crist oedd gonestrwydd, diffuantrwydd, ac yn bennaf oll, cariad. Galwai'r Crynwyr ar y bobl i ddod gerbron y goruchaf mewn addoliad a chymundeb tawel a sanctaidd, trwy rym y Crist sydd yn trigo tu mewn i bob un ohonom.

Ymddengys fod y Crynwyr yn llwyddo i ddod o hyd i'r tawelwch ysbryd y chwiliai Rowland Ellis amdano. Roedd Jane Owen â'i 'serenedd fel lamp yn dal i oleuo'r tywyllwch', ac edmygai Rowland Ellis gymeriad Marged Owen oherwydd ei thynerwch, ei thangnefedd a'i deallusrwydd. Bu farw Dorcas a 'gwên dangnefeddus, ryfeddol' ar ei hwyneb. Ar ôl colli Dorcas câi Rowland Ellis ei synnu gan yr addfwynder a'r tawelwch digyffro a ddangosai Ellis Puw. Mae'n edrych yn debyg fod nerth y goleuni oddi mewn yn rhoi dewrder i'r Crynwyr i wynebu pob math o galedi, carchar, erledigaeth, gwarth a cholli eiddo.

Ymfudo i Bennsylvania
O 1675 ymlaen aeth teuluoedd o Grynwyr i'r Wladfa newydd ym Mhennsylvania. Edrychent ymlaen at gael llonydd a rhyddid i addoli yn eu ffordd syml a thawel eu hunain, a chredent mai'r Arglwydd oedd yn eu harwain yno. Meddai Rowland Ellis:

> 'Maen nhw'n mynd i rywbeth newydd a glanach, a'r Arglwydd sy'n eu harwain nhw.'

Bu'r ymfudo yn golled ofnadwy i Gymru, ac o 1700 ymlaen gwanhaodd achos y Crynwyr.

III. *Hanes y Cymeriadau*

Roedd yn ofynnol i'r awdur ddarllen cymaint ag oedd yn bosibl am y bobl eu hunain – Rowland Ellis, Ellis Puw, Robert a Jane Owen Dolserau. Cymeriadau dychmygol yw Lefi Huws, Jeremy Mellor a Samuel Ifan, ond yr oedd i bob un ei bwrpas, yn ôl Marion Eames. Roedd Lefi, yr ustus, yn cynrychioli'r rhai oedd wedi blino ar anhrefn ac yn pwysleisio'r gyfraith. Roedd cymeriad Jeremy Mellor wedi'i seilio ar hanes George Fox yn ymweld â Dolgellau ac yn poeni am na allai'r bobl ei ddeall. Mae Samuel Ifan yn cynrychioli'r piwritan a oedd yn casáu'r bobl nad oedd yn ei farn ef yn parchu eglwys nac yn ofni Duw.

Cymeriadau niwlog, serch hynny, yw'r rhan fwyaf o'r rhai hanesyddol, ac yn aml roedd yr hyn nas dywedwyd amdanyn nhw yn fwy diddorol na'r ffeithiau prin a oedd ar gael. Priododd Rowland Ellis ddwywaith, a Margaret oedd enw'r ddwy wraig. O ganlyniad, rhoddodd yr awdur yr enw Meg ar y wraig gyntaf a Marged ar yr ail. Yn anffodus hefyd roedd cyfenw Rowland Ellis yr un enw â'i was Ellis Puw. Ann a Siân oedd enwau merched Rowland Ellis a Meg, ac yn ôl y ddogfen, Ann yn unig a fedrai arwyddo ei henw; X oedd ar gyfer enw Siân. Ni chredai'r awdur fod y ferch hynaf wedi cael manteision addysg yn wahanol i'r llall. Dychmygodd fod nam ar feddwl Siân a bod hyn wedi digwydd oherwydd yr amgylchiadau cyn ei geni, er nad oedd sail hanesyddol i hyn o gwbl.

Crynodeb Cyffredinol

RHAN UN
Penodau I-III

Mae'n ddiwrnod ffair Calan Mai yn Nolgellau yn 1672, a'r dorf yn awyddus i ailddychwelyd i hwyl a miri oes y Brenin Siarl. Cyhuddwyd hen wraig ddiniwed o fod yn wrach, ac yn ôl yr hen ddraddodiad fe'i boddwyd yn afon Wnion. Cafodd yr achlysur effaith fawr ar Rowland Ellis a oedd yn dyst i'r digwyddiad. Dychwelodd yn benisel at ei wraig a'i was newydd Ellis Puw a achubodd ar y cyfle i gyflwyno rhai o syniadau'r Crynwyr i'w feistr.

Pan oedd Ann, merch Rowland a Meg, yn dri mis oed, aeth y ddau i barti'r Plygain ym mhlas yr Hengwrt tra aeth Ellis Puw i ymweld ag un o'r Crynwyr yn jêl Caetanws yn y dre.

Croesawodd Hywel Vaughan, sgweier yr Hengwrt, y ddau i'r parti, ond daliai'r digwyddiadau yn y ffair i bwyso'n drwm ar feddwl Rowland. Wrth chwilio am ei wraig cyfarfu Rowland â Jane, chwaer Hywel Vaughan; roedd hi'n perthyn i'r Crynwyr. Manteisiodd hithau ar y cyfle i hysbysu Rowland o gyfarfod y Crynwyr, a phan ymddangosodd Hywel a Meg gyda'i gilydd, roedd y casineb rhwng y brawd a'r chwaer yn amlwg.

Penodau IV-VII

Bu farw Ifan Robarts y Crynwr, ac ar ôl i Ellis Puw alw i'w weld, daeth Rowland Ellis i weld Sinai, ei weddw. Rhoddodd fwyd i'r teulu a chynigodd waith i un ohonynt. Ar y ffordd adref soniodd Ellis Puw wrth ei feistr unwaith eto am syniadau'r Crynwyr. Sylweddolodd Meg ei bod yn colli gafael ar ei gŵr, a phan ddeallodd fod Lisa yn dod ati i weini, taflodd wydr coch i'r llawr a tharo ei gŵr. Gwyddai Rowland na fyddai pethau fyth eto yr un fath.

Penderfynodd Meg aros ym Mryn-mawr. Gofidiai ei bod yn feichiog ac y byddai Rowland rywbryd yn wynebu cyfnod yn y carchar oherwydd ei ddaliadau. Yn unol â dymuniad Jane Owen, aeth Rowland i gyfarfod y Crynwyr yn Nolserau; gwyddai nad oedd troi'n ôl yn bosibl bellach, ac mai gyda'r bobl hyn yr oedd ei gartref i fod ar hyd ei oes, mwyach.

Roedd y Crynwyr yn wynebu cyfnod o erledigaeth unwaith eto. Ceisiodd Meg gael erthyliad ond llewygodd ar ôl dychwelyd i Fryn-mawr. Sylweddolodd Rowland erbyn hyn fod crefydd y Crynwyr wedi creu gwahanfur rhyngddo ef a'i wraig, ond gwyddai hefyd nad oedd troi'n ôl yn bosibl bellach.

Torrodd Robert Owen ar draws y gwasanaeth yn yr eglwys gan bregethu wrth y bobl am beidio â gwrando ar eiriau gwag y Rheithor. Pan ymosododd y dorf arno gwrthododd daro'n ôl. Yn dilyn y digwyddiad hwn ymddangosodd merch y teiliwr yn noethlymun. Aeth Rowland i'w hachub gan roi ei glogyn amdani, ac wrth wneud hyn roedd wedi dangos ei ymrwymiad cyhoeddus i'r Crynwyr a oedd yn dechrau edrych arno fel arweinydd i'r mudiad. Dechreuodd fynychu cyfarfodydd yn Lloegr tra arhosai Meg yn ei llofft, yn casglu arian mewn cist ar gyfer y dyfodol. Dyna oedd cyfrinach fawr ei bywyd. Ceisiodd Huw Morris fargeinio â hi, ac yn fuan wedyn bu farw ar enedigaeth ei hail ferch.

YR AIL RAN
Penodau I-III

Gofynnodd Ellis Puw i Dorcas i'w briodi. Roedd ei brawd Steffan yn wael, tra oedd Lisa yn cael mwy o gyfrifoldeb am y plant ym Mryn-mawr. Roedd Rowland Ellis yn gweithio dros achos y Crynwyr tra oedd Robert Owen yn y carchar. Pan ddaeth Jeremy Mellor i aros i Fryn-mawr achubodd Lisa ar y cyfle i fynd i'r ffair. Yno cyfarfu â Huw Morris.

Er bod Rowland yn teimlo'n euog am esgeuluso Meg ei wraig, cymaint oedd ei ymrwymiad i'r Crynwyr fel na fyddai wedi gallu newid dim. Teimlai fod diniweidrwydd Siân ei ferch yn symbol o'r diffyg dealltwriaeth rhyngddo ef a'i mam. Teithiodd Rowland Ellis i'r ffair gyda Jeremy Mellor er mwyn ceisio argyhoeddi'r bobl o'u cred. Cafodd Rowland wrandawiad teg, ond ymateb gwahanol iawn gafodd y llall oherwydd ei anallu i siarad Cymraeg. Ar yr un noson treisiwyd Lisa ar ei ffordd adref gan Huw Morris, a phan ddychwelodd Rowland Ellis, rhoddodd y sac i'w was.

Roedd y Crynwyr yn awr yn wynebu cyfnod o erledigaeth ffyrnig. Pan fynychodd Rowland Ellis gyfarfod y mudiad yn Llundain, danfonodd lythyr at ei gyfnither, Marged Owen, Dyffrydan. Clywodd Rowland Ellis am y tro cyntaf am syniad William Penn i sefydlu talaith yn Siersi Newydd ar gyfer y Crynwyr. Negyddol oedd ymateb cyntaf Rowland Ellis a theimlai ei fod am aros yng Nghymru.

Penodau IV-VII

Dychwelodd Rowland Ellis o Lundain i ddarganfod bod Ellis yn y carchar. Gwyddai fod yr un gosb yn ei aros yntau, ac ofer fu ymgais Rowland i ymresymu â'r ustus. Aeth y Person ato i geisio ei berswadio i fod yn fwy llym wrth y Crynwyr.

Carcharwyd Rowland Ellis ond fc'i rhyddhawyd ar ôl colli gwerth £50 o'i stoc. Derbyniodd Marged ei gynnig i briodi. Daliwyd Dorcas gan Shadrach y cwnstabl lloerig ac fe'i trochwyd yn y Gadair Goch. Bu farw yn ddiweddarach.

Claddwyd Dorcas yn y fynwent newydd. Dechreuodd Rowland ofidio am ei ddyfodol a dechreuodd freuddwydio am gymryd rhan yn yr Arbrawf Sanctaidd mewn gwlad bell. Darllenodd offeiriad y plwyf restr o enwau'r Crynwyr na fu yn yr eglwys.

Penodau VII-IX

Roedd deg o'r Crynwyr yn yr un gell yn y carchar, ac yn y cyfamser roedd Lisa yn gofalu am y plant ym Mryn-mawr. Ar ôl blwyddyn o ddioddef cyflwr difrifol yr adeilad bu'n rhaid iddynt gerdded i'r Bala i wynebu eu prawf. Cawsant eu cyhuddo gan y barnwr o fod yn euog o ddwyn gallu tramor i'r wlad, a chawsant eu dedfrydu i gael eu crogi a'u pedrannu, a'u gwragedd i'w llosgi. Yn ffodus cyrhaeddodd neges oddi wrth y Barnwr Hale yn gorfodi'r Barnwr Walcott i ddiddymu'r gosb eithaf. Daeth yr erlid i ben o'r diwedd.

Priododd Rowland a Marged, a ganwyd mab iddynt ymhen blwyddyn. Roedd Lisa yn caru â Tomos y gwas, ac Ellis yn pregethu o gwmpas y wlad. Galwodd Siôn ap Siôn a Thomas Lloyd i geisio perswadio Rowland i brynu tir am bris rhesymol yn Lloegr Newydd. Sylweddolai Marged beth fyddai'r canlyniadau – pe byddai rhai yn mynd, fe fyddai'n orfodol ar bawb i ddilyn er mwyn cadw'r mudiad yn un cryf a dylanwadol.

Roedd y prynu mawr wedi dechrau. Pan ofynnodd Lisa a allai hi a Tomos fynd allan gyda Rowland a'i wraig, cytunodd Rowland i fynd. Cyhoeddodd Ellis ei fod am briodi Sinai, a chytunodd Marged i'r fenter yn groes graen. Ar ôl teithio i Aberdaugleddau i hebrwng y fintai gyntaf a Lisa a Tomos yn eu plith, sylweddolodd Rowland nad oedd troi'n ôl yn bosibl mwyach. Criodd Marged am ei bod yn sylweddoli gymaint y golled ar eu hôl.

Crynodebau Manwl

Meg a Rowland Ellis.

Penodau I-III

Pennod I

Mae'r bennod yn agor ar ddiwrnod ffair Calan Mai yn Nolgellau yn 1672 pan oedd y dorf yn benderfynol o ddychwelyd i hwyl a miri oes y Brenin Siarl drwy fwynhau'r dawnsio a'r rhialtwch.

Ar y cyrion, roedd tri dyn gwahanol i'r cyffredin yn sefyll yn gwylio'r digwyddiadau. Un ohonynt oedd y prif gymeriad, Rowland Ellis, a oedd wedi hen ddiflasu ar gwmni'r ddau arall, ond yn gorfod aros er mwyn cael gair â'r porthmon. Hywel Vaughan, perthynas i Rowland Ellis, oedd y llall.

Erbyn hyn, roedd y bobl yn barod i ddilyn hen draddodiad o foddi gwrach yn yr afon. Pe llwyddai'r hen wraig i gadw ei phen uwchben y dŵr, roedd yn profi bod ei henaid wedi gadael ei chorff a'i bod yn euog. Pe suddai, roedd yn brawf ei bod yn ddieuog, ond fel rheol, byddai'r dystiolaeth yn dod yn rhy hwyr i achub ei bywyd. Wrth weld y carpiau llwyd di-liw am gorff Betsan Prys yn cael eu rhwygo i ddangos ei bronnau melyn, crebachlyd, trodd Rowland Ellis ei wyneb gan gywilydd. Gadawodd y ffair heb gyflawni ei neges, ac ar y ffordd adref eisteddodd ar foncyn a'i holl feddwl yn chwilio am dawelwch ysbryd.

Boddi Betsan Prys.

Dychwelodd i'w gartref ym Mryn-mawr gyda'i anrhegion o'r ffair i'w wraig, ond yr oedd yn dal i'w holi ei hun pam na allai dderbyn yr hen arferion fel pawb arall. Roedd pawb ond Meg yn ymwybodol o'i iselder ysbryd.

Ar ôl i Rowland groesawu'r gwas newydd i'w gartref, manteisiodd Ellis Puw ar y cyfle i gyflwyno rhai o syniadau'r Crynwyr i'w feistr:

Nid rhaid wrth na Beibl na phregethwr . . .

Teimlodd Rowland yn anghysurus wrth glywed y geiriau oherwydd gwyddai am y perygl o'i gysylltu ei hun â'r Crynwyr. Rhybuddiodd ei was y gallai fynd i jêl Caetanws, a gwadodd fod ei dad ei hun wedi cefnogi'r Crynwyr. Serch hynny mae'n cynnig help i Ellis Puw i ddysgu darllen tra bod Meg yn canu yn y llofft, yn gwbl ansensitif i wewyr meddwl ei gŵr.

Sylwadau

Cefndir

Pennod bwysig eithriadol oherwydd bod yr awdur yn gorfod creu'r naws a gosod y llwyfan ar gyfer y nofel i gyd. Rydym yn ymwybodol o'r cychwyn ein bod yn ffair Dolgellau yn y flwyddyn 1672. Cawn gyfeiriad at ddwy set o werthoedd sy'n benben â'i gilydd: disgyblaeth lem y Piwritaniaid a'r hwyl a'r miri a gysylltir â'r Brenin Siarl.

Yn y ffair yr ochr ysgafn sy'n rheoli i ddechrau, ond yn raddol daw'r ochr greulon, dywyll i'r amlwg.

Cymeriadau

Cawn ein cyflwyno i'r prif gymeriad Rowland Ellis ac y mae'n amlwg o'r cychwyn bod rhywbeth yn ei boeni. Mae ei anesmwythyd yn cynyddu, a chyn diwedd y bennod deallwn nad yw ei wraig Meg ac ef ar yr un donfedd. Yr argraff gyntaf a gawn ohoni hi yw merch brydferth o dras uchel, ond yn hunanol a maldodus. Cyfarfod â Huw Morris, cymeriad lliwgar a diddorol.

Plot

Ar ddiwedd y bennod caiff Ellis Puw gyfle i gyflwyno syniadau Morgan Llwyd i'w feistr ac i hau hedyn cred y Crynwyr yng nghalon Rowland Ellis.

Thema

Mae creulondeb torf o bobl yn ei amlygu ei hun yn y bennod gyda boddi'r hen wraig.

Arddull

Y naratif yn llifo'n esmwyth a'r ddeialog yn fywiog, yn naturiol ac yn ystwyth.

Pan oedd Ann, merch Rowland Ellis a Meg, yn dri mis oed aeth y ddau i barti'r Plygain yn yr Hengwrt. Roedd Meg yn dyheu am gael ailafael yn ei bywyd cymdeithasol.

Gwrthododd Ellis Puw fynd i'r Plygain gan benderfynu ymweld ag un o'r Crynwyr, Ifan Robarts, yn jêl Caetanws. Roedd hwnnw wedi torri ei goes wrth geisio rhwystro dau ddyn rhag ymladd â'i gilydd. Ceisiodd Ellis ei esmwytháu drwy siarad yn dyner wrth ailosod yr asgwrn gan ddefnyddio eli o lysiau'r cwlwm. Soniodd Ellis wrth Ifan am ei feistr ac am y posibilrwydd o'i ddenu at y mudiad.

Ceir disgrifiad byr o'r amgylchiadau yn y carchar. Roedd arogl amhur yn llanw'r lle, a'r unig oleuni oedd yr hyn a ddeuai drwy dwll yn y nenfwd. Roedd y carcharorion hyd at eu fferau mewn llaca drewllyd, a'r glaw a'r pridd yn gymysg ag ystlomiad dyn. Cyfrifent eu hunain yn lwcus pe gallent fachu baich o wellt. Roedd gan Ifan a Sinai ei wraig naw o blant.

Sylwadau

Cefndir

Cyfeiriad at yr arferiad o olrhain achau, rhywbeth oedd yn profi eich bod yn fonheddwr.

Cymeriadau

Huw Morris yn datblygu yn gymeriad lliwgar ac yn chwa o awyr iach yng nghanol tyndra'r bennod. Mae gallu Ellis Puw i iacháu yn dod i'r amlwg.

Plot

Ymweliad Ellis Puw a jêl Caetanws yn dangos adwaith pobl at y Crynwyr, ac yn arwydd o'r hyn sydd yn wynebu Rowland Ellis a'r Cyfeillion. Ellis yn sôn fod ei feistr yn awyddus i ymuno â nhw, ond yn ofni cymryd y cam cyntaf.

Pennod III

Ym mharti'r Plygain yn yr Hengwrt ymddangosodd Hywel Vaughan mewn gwisg ysgarlad a ryfflau gwynion am ei wddf a'i arddyrnau, gwasgod glaerwen a botymau o aur, a berwig grychiog ddu, yn ôl ffasiwn y cyfnod.

Gwyddai Rowland y byddai ei dristwch yn bygwth ei berthynas â Meg, a theimlai yn nes at ei was yn ei ddillad cyffredin nag at y boneddigion hyn yn eu sidanau a'u melfed. Daliai i weld Betsan Prys o'i flaen, a'r cof amdani yn troi'n hunllef erbyn hyn.

Wrth chwilio am ei wraig yn y llyfrgell, cyfarfu Rowland â Jane Owen, chwaer Hywel Vaughan, a gwraig Robert Owen, y Crynwr. Cyfarchodd Jane Owen Rowland yn null y Crynwyr:

Rydw i'n falch *o'th* weld.

a dywedodd ei bod wedi synhwyro eisoes bod Rowland wedi profi nerth y goleuni oddi mewn. Fe'i hysbysodd o gyfarfod y Crynwyr ar Nos Galan yn Nolserau.

Yn sydyn daeth Hywel Vaughan a Meg ar eu traws gan deimlo'n euog o gael eu dal yng nghwmni ei gilydd. Roedd y casineb a deimlai Hywel Vaughan at ei chwaer yn gwbl amlwg, ac yn ofer y plediodd ei chwaer ar ran Ifan Robarts y Crynwr yn y carchar. Ar ôl y parti byddai'r bobl hanner meddw yn ymlwybro i'r eglwys gyda'r plant bach, yn cario canhwyllau.

28

Sylwadau

Cefndir

Cipolwg ar fywyd moethus plas yr Hengwrt ym mharti'r Plygain gyda goleuadau llachar y siandeliriau yn wrthgyferbyniad i'r canhwyllau brwyn a oleuai'r bythynnod tlawd.

Cymeriadau

Mae Meg wrth ei bodd yn ailafael yn ei bywyd cymdeithasol, yn edrych ymlaen at gael denu sylw Hywel Vaughan a chael y newyddion diweddaraf o Lundain. Rowland Ellis yn dal yn isel ei ysbryd. Cawn ein cyflwyno i Jane Owen, chwaer Hywel Vaughan, ac un o'r Crynwyr. Mae'r sgwrs rhwng Rowland a Jane mewn gwrthgyferbyniad amlwg i'r chwarae geiriol rhwng Meg a Hywel Vaughan. Yn nes ymlaen daw'r casineb a deimla Hywel Vaughan at ei chwaer yn amlwg.

Plot

Caiff Jane Owen gyfle i estyn gwahoddiad i Rowland i gyfarfod y Crynwyr cyn i Hywel a Meg ymddangos gyda'i gilydd.

Thema

Mae'n amlwg bod Rowland Ellis yn cael ei ddenu at y Crynwyr a bod ei gysylltiad â hwy yn mynd i effeithio ar ei berthynas â'i wraig.

Arddull

Golygfa ddramatig yn y llyfrgell. Deialog ystwyth yn cyfleu'r awyrgylch o densiwn yn effeithiol iawn. Jane yn cyfarch Rowland yn null y Crynwyr: 'Rydw i'n falch o'th weld.'

CNOI CIL
Ydych chi'n cofio?

Pwy sy'n siarad? – Â phwy? – Am bwy?

1. 'Trueni fod y werin yn ogleuo cymaint. Neu ar 'y ngwir mi fyddai awydd arna' i roi tro amdani efo'r dawnsio.'

2. 'G-Glywaist ti'r cy-yhuddiada difrifol 'na? B-be sy genti i ddeud – y?'

3. 'Oeddet ti ddim yn disgwyl imi anghofio, nag oeddet ti? Hwda, tyrd at y golau i ti gael 'u gweld nhw'n iawn.'

4. 'Tasach chi'n gweld y llyfra yn ein llofft ni rŵan. Cystal â chell ffeiriad bob blewyn.'

5. 'Sut mae o? Be ti'n feddwl, dywad? Pwy 'dy o?'

6. 'Yn fwy na dim yn y byd.'

7. 'A beth wyt ti'n ei wneud yma?'

8. '. . . os ydy geni Tywysog Tangnefedd yn golygu rhywbeth iti, rhaid iti wrando arna' i heno.'

Ystyriwch

- Y dulliau o gosbi yn y cyfnod hwn.
  - Pa mor deg oedd prawf 'y Gadair Goch'?
  - A oedd Betsan Prys yn euog? Beth yw eich barn?

- Pa effaith a gafodd y digwyddiad hwn ar bersonoliaeth Rowland Ellis?

- Perthynas Rowland â'i wraig, ei ymateb i awgrymiadau a syniadau Ellis Puw, a'i gynnig i ddysgu ei was i ddarllen.

- Cyflwr y carchar.

- Y casineb a ddangosai'r bobl tuag at y Crynwyr.

Penodau IV-VII

Pennod IV

Roedd Ifan Robarts, y Crynwr, wedi marw, ac Ellis Puw wedi galw i weld ei wraig yn ei chartref tlawd. Un ffenest yn unig oedd yn y bwthyn a doedd dim arwydd o dân yno. Roedd Dorcas y ferch yn pannu'r dillad yn nŵr yr afon. Pan oedd Ellis Puw yno, galwodd Rowland Ellis i gydymdeimlo gan roi bwyd i'r teulu a chynnig gwaith i un o'r merched.

Cydgerddodd Ellis Puw yn ôl gyda'i feistr ac unwaith eto soniodd am syniadau'r Crynwyr ac am y goleuni sy'n goleuo'r stafell ddirgel yng nghalon pob dyn.

Roedd Meg yn sylweddoli erbyn hyn ei bod yn colli gafael ar ei gŵr ac yn poeni ei bod yn dechrau colli gafael ar ei synhwyrau.

Ellis Puw a Rowland Ellis.

31

Roedd clywed bod Rowland wedi bod yn ymweld â Sinai Robarts ganmil gwaeth na phe bai wedi ymweld â phutain. Fedrai hi ddim dioddef cael ei thorri allan o'r gymdeithas.

Pan ddeallodd fod ei gŵr wedi trefnu i Lisa ddod ati i weini heb yn wybod iddi, collodd ei thymer. Taflodd y gwydr coch i'r llawr a thrawodd Rowland ar ei wyneb, rhywbeth nas gwnaethai erioed o'r blaen. Teimlai Rowland yn drist am ei fod yn sylweddoli na ddeuai'r gorffennol byth yn ôl.

Sylwadau

Cymeriadau

Ymweliad Rowland Ellis â Sinai ar ôl i'w gŵr farw yn bwysig. Dangos ochr garedig a theimladwy i'w gymeriad. Braidd yn annheg â'i wraig wrth roi gwaith i Lisa heb ei chaniatâd. Meg yn dangos gymaint yr oedd yn casáu'r Crynwyr. Huw Morris yn achub mantais ar bob darn o wybodaeth (wedi gweld ei feistr yn dwyn bwyd o'r bwtri).

Plot

Ellis Puw yn cyflwyno syniadau'r Crynwyr ar y ffordd adref.

Thema

Syniadau'r Crynwyr â'i gysylltiad â hwy yn achosi rhwyg rhwng Rowland a Meg. Cyrraedd uchafbwynt yn y bennod.

Arddull

Golygfa ddramatig yn arwain at yr uchafbwynt pan yw Meg yn torri'r gwydr ac yn taro ei gŵr. Defnydd amlwg o dafodiaith yr ardal.

Pennod V

Penderfynodd Meg aros ym Mryn-mawr. Gofidiai ei bod yn feichiog unwaith eto a phoenai hefyd am y posibilrwydd o'i gŵr yn gorfod mynd i'r carchar oherwydd ei ddaliadau. Pan gyrhaeddodd Lisa, penderfynodd Meg ei hanwybyddu gan aros yn ei stafell.

Aeth Rowland i gyfarfod y Crynwyr yn Nolserau ac yn sydyn teimlodd fod y gwirionedd ganddo. Torrodd y cwmwl du a fu'n hofran uwch ei ben ers misoedd gan arllwys cawod dyner o hapusrwydd drosto. Yn araf bach fe'i clywodd ei hun yn ymdoddi i'r Cyfeillion yn y distawrwydd a gwyddai nad oedd troi'n ôl yn bosibl bellach. Beth bynnag a ddeuai, pa beryglon bynnag a'i hwynebai, a pha aberthau bynnag a ofynnid ohono, yma yr oedd ei gartref gyda'r bobl hyn ar hyd ei oes, mwyach.

Sylwadau

Cymeriadau

Pennod bwysig o safbwynt Rowland Ellis. Bellach wedi dod o hyd i'r tawelwch ysbryd yr oedd yn chwilio amdano yn y bennod gyntaf. Meg yn suddo i'w chragen.

Plot

Cam pwysig yn nhaith ysbrydol Rowland. Yn dangos fod ganddo'r parodrwydd a'r dewrder i wynebu'r dyfodol fel Crynwr, beth bynnag a olygai hynny.

Thema

Dangos y dewrder a'r aberth yr oedd rhai pobl yn barod i'w wneud er mwyn eu cred a'u hargyhoeddiad.

Arddull

Pennod dawelach mewn gwrthgyferbyniad i'r olygfa ddramatig ar ddiwedd y bennod flaenorol.

Pennod VI

Erbyn hyn roedd y dyfodol yn ansicr iawn i'r Crynwyr gan eu bod yn wynebu cyfnod o erlid unwaith eto. Roedd Huw Morris, y gwas, ar fin cydio am Lisa ym Mryn-mawr pan dorrodd sgrech Meg ar eu traws. Llewygodd, ac ar ôl dod ati'i hun erfyniodd arnynt i beidio â sôn wrth ei gŵr. Rhoddodd Huw ddau a dau at ei gilydd a sylweddoli ei bod wedi ceisio cael erthyliad ac mai'r driniaeth oedd yn gyfrifol am ei chyflwr.

Sylweddolodd Rowland fod y goleuni newydd a ddaeth i'w fywyd wedi codi mur rhyngddo ef a'i wraig. Hawdd fyddai ymddiheuro iddi ond gwyddai yr un pryd y byddai'r dyfodol yn wag heb y cymundeb newydd hwn a ddaeth i'w fywyd ac a'i meddiannodd.

Sylwadau

Cymeriadau

Agwedd Huw Morris yn dangos agwedd y bobl yn gyffredinol at y Crynwyr: 'rhyw giwad drwynsur, gwepau hirion'. Roedd Huw yn ddigon profiadol i synhwyro beth oedd y rheswm dros anhwylder Meg ac yn ddigon cyfrwys i gadw'n dawel er mwyn defnyddio'r wybodaeth honno er mantais iddo ef ei hun. Diniweidrwydd Lisa'n amlwg, ac arwyddion fod Huw Morris yn barod i gymryd mantais ohoni. Unwaith eto, Rowland mewn gwewyr meddwl ar ôl deall fod Meg wedi ceisio cael erthyliad. Hawdd fyddai cymodi â hi ond gwyddai na allai adael y Crynwyr mwyach.

Thema

Dangos fod syniadau peryglus sy'n cael eu coleddu gan un aelod o deulu yn gallu cael effaith drychinebus ar y gweddill.

Plot

Awgrym bod y Crynwyr yn wynebu cyfnod o erlid.

Arddull

Golygfa ddramatig. Sgrech y feistres yn ennyn chwilfrydedd y gweision a'r morynion.

Pennod VII

Torrodd Robert Owen ar draws y gwasanaeth yn yr eglwys gan rybuddio'r bobl i beidio â gwrando ar eiriau gwag y Rheithor. Ymosodwyd arno a chafodd ei lusgo allan. Synnodd nifer at ddisgyblaeth y cyn-filwr.

Y peth nesaf a ddigwyddodd oedd i Siân, merch y teiliwr, ymddangos yn noethlymun yng nghanol y dorf. Pan ddechreuodd y bobl ei churo, rhuthrodd Rowland Ellis i'w hachub gan roi ei glogyn amdani. Gofalodd Marged Owen amdani a gwyddai Rowland ar ôl hyn y byddai ei enw yntau yn gysylltiedig â mudiad y Crynwyr gan ei fod wedi dangos ymrwymiad cyhoeddus iddynt.

Dechreuodd y Crynwyr edrych arno fel arweinydd iddynt a byddai Rowland yn mynychu cyrddau yn Lloegr yn aml. Yn y cyfamser roedd Meg yn treulio llawer o'i hamser yn y llofft yn casglu arian mewn cist fawr ar gyfer y dyfodol. Aeth hyn yn obsesiwn ganddi. Cyfrinach fawr ei bywyd oedd y bocs a'r sofenni aur. Pan welodd Huw Morris ei feistres yn cyfrif yr arian, ceisiodd fargeinio â hi. Yn dilyn y digwyddiad hwn rhoddodd Meg enedigaeth i'w hail ferch ond bu farw yn y broses.

Sylwadau

Cymeriadau

Golygfa bwysig. Rowland yn dangos ei deyrngarwch i'r Crynwyr yn gyhoeddus ac yn cael ei ystyried yn arweinydd naturiol i'r mudiad. Dirywiad amlwg yng nghymeriad Meg, sỳn neilltuo i'w hystafell i gyfrif yr arian er mwyn sicrhau ei dyfodol. Huw Morris yn dangos ei gyfrwystra wrth geisio bargeinio â hi. Meg yn marw ar enedigaeth ei hail ferch. Y berthynas rhwng Rowland a Marged yn datblygu.

Plot

Unwaith eto dangosir gymaint yw casineb y bobl at y Crynwyr, a hynny yn eu hymosodiad ar Robert Owen, er bod ambell un yn edmygu ei hunanddisgyblaeth. Diweddar rhan gyntaf gyda marwolaeth Meg.

Thema

Pobl yn barod i ddioddef ac i aberthu llawer o dan rym argyhoeddiad. Y teulùn dioddef fel y sylweddolodd Marged. 'Maèn galed arni, a hithau heb dy argyhoeddiad di.'

Arddull

Bargeinio slic. Deialog fywiog rhwng Huw Morris a Meg.

CNOI CIL
Ydych chi'n cofio?

Pwy sy'n siarad? – Â phwy? – Am bwy?

1. 'Mae ganddi ffordd o drin Steffan sy'n well o lawer na'm ffordd i.'

2. 'Fedra' i ddim ddioddef eithafwyr o unrhyw fath.'

3. 'Beth yn union welaist ti?'

4. 'Well i mi eich danfon chi, mistras. Mae hi'n noson go egar, ac mae'r llusern gen i.'

5. 'Dwyt ti ddim yn gialad mewn gwirionedd, weth faint wyt ti'n treio bod.'

6. 'Hanner yr arian, cofiwch. Mi fydda i'n gwybod os ca i 'nhwyllo.'

7. 'Gad lonydd iddi, Malan, mae'r hogan ar lwgu. Mi fydd hi'n well fory.'

8. 'Mae 'na rai petha mae hi'n talu'n well i gadw'n dawel yn 'u cylch.'

Ystyriwch

• Pam y mae ymweliad Rowland â chartref Sinai yn ddigwyddiad tyngedfennol yn y nofel?

• Ydy Rowland yn trin ei wraig yn deg wrth ddod â Lisa i Frynmawr heb ymgynghori â hi yn gyntaf?

• Beth yw eich barn am ffordd arbennig y Crynwyr o addoli?

• Pam y ceisiodd Meg gael erthyliad? Beth oedd y camau a arweiniodd at ei marwolaeth?

• Ymateb Huw Morris i'r sefyllfa pan lewygodd Meg, a'i resymau dros gadw'n dawel ynglŷn â'r mater.

Rowland, Marged, Ann a Siân.

Penodau I-III

Pennod I

Ar ddechrau'r bennod roedd Ellis Puw wedi gofyn i Dorcas i'w briodi tra oedd Steffan, ei brawd, yn wael, yn dioddef o'r diciáu. Roedd Lisa yn mynd yn fwyfwy annibynnol ar ei theulu gan aros ym Mryn-mawr i ofalu am y plant. Erbyn hyn roedd Robert Owen yng ngharchar Dolgellau a Rowland Ellis yn treulio cryn dipyn o'i amser yn gweithio dros achos y Crynwyr.

Ar noson y ffair daeth Jeremy Mellor, un o ddynion blaenllaw'r mudiad, i aros ym Mryn-mawr. Achubodd Lisa ar y cyfle i fynd i'r ffair.

Yn y ffair cawn gipolwg ar arferion y cyfnod ac ar ochr ysgafnach bywyd y bobl gyffredin. Yn nawns y fedwen byddai'r bechgyn a'r merched yn dawnsio yn ôl ac ymlaen nes bod patrwm cymhleth o rubanau yn ymddangos ar dop y fedwen, a'u gweiddi a'u chwerthin yn boddi sŵn y delyn. Cymerodd Lisa ran yn y ddawns ond teimlodd yn unig pan adawodd ei phartner hi am ryw ferch arall. Aeth i'r Anterliwt a gwelodd ddau ddyn yn prancio ar wagen fawr. Cafodd hwyl yn gwylio campau'r Ffŵl. Ni ddeallai lawer o'r iaith am mai Saesneg ydoedd.

Cyfarfu â Huw Morris ac aeth i wylio'r ymladd ceiliogod gydag ef. Gwelodd y naill geiliog ar ôl y llall yn cael ei rwygo'n ddidrugaredd. Cynigiodd Huw Morris fod yn gwmni iddi a derbyniodd hithau'r gwahoddiad yn hollol ddiniwed heb sylweddoli beth oedd ei fwriad ef tuag ati.

Golygfa yn y gegin.

Sylwadau

Cymeriadau

Dysgwn am y berthynas rhwng Ellis a Dorcas. Mae Lisa yn mynd yn fwy annibynnol ar ei theulu, ac y mae ei pherthynas hi a Huw Morris yn ffurfio rhyw fath o is-blot ac yn wrthbwynt i fywyd ac agwedd y Crynwyr. Nhw yw'r cymeriadau sy'n dal i fwynhau bywyd ac nid yw syniadau dwys y Crynwyr wedi cael effaith o gwbl ar eu bywydau. Mae diniweidrwydd Lisa mewn gwrthgyferbyniad hefyd â'r dyn canol oed, cyfrwys a phrofiadol mewn mwy nag un ystyr.

Plot

Mae'n amlwg bod Rowland yn rhoi mwy a mwy o sylw i achos y Crynwyr ac wedi gwahodd un o'r arweinwyr o Loegr i aros yn ei gartref.

Thema

Cawn gipolwg ar fywyd y Crynwyr drwy lygaid y bobl a oedd tu allan i'r mudiad. 'Beth oedd o'i le efo tipyn o ganu a dawnsio a chwerthin?' Awgrymir hefyd fod Rowland Ellis yn esgeuluso ei deulu oherwydd ei ymrwymiad i achos y Crynwyr.

Cefndir

Llawer o fanylion am arferion yn gysylltiedig â'r ffair.

Arddull

Cawn ddisgrifiad byw o'r ffair drwy lygaid diniwed Lisa a oedd yn dal i ryfeddu at bob golygfa a welai. Crëir awyrgylch y ffair yn effeithiol. '. . . y fedwen haf! Daeth lwmpyn i'w gwddw wrth iddi edrych ar y wyrth o liwiau.' Defnydd o dafodiaith ardal Dolgellau yn sgwrs Huw Morris: 'Faint o hwnna oeddat ti'n 'i ddeall, y fech?' Disgrifiad o fyd natur: 'Roedd yr awyr yn wyrdd uwchben sgarlad y machlud . . .'

Pennod II

Wrth deithio gyda Jeremy Mellor teimlai Rowland yn euog o ladd ei wraig, y person nwyfus a synhwyrus y bu'n briod â hi. Gwyddai, serch hynny, pe câi ail gyfle, mai'r un fyddai'r hanes am fod yr hyn a'i gyrrai ymlaen y tu allan iddo. Pe bai un ohonynt yn newid, Meg fyddai honno. Ni allai dreulio llawer o amser gyda'r plant, chwaith, am ei fod yn brysur gyda chyfarfodydd y Crynwyr. Edrychai ar Siân, ei ail ferch, fel symbol diniwed o'r holl dywyllwch a fu rhyngddo ef a'i wraig.

Pan gyrhaeddon nhw Ddolgellau roedd hi'n noson y ffair, a dynion meddw yn cerdded ribidirês o gwmpas y dref. Arhosodd Jeremy Mellor i bregethu wrth dri dyn canol oed ond cafodd anhawster i drosglwyddo ei neges am nad oedd y bobl yn deall Saesneg.

Y cyfan a ddymunai Rowland oedd rhannu â phobl ei ardal ei hun yr hapusrwydd a'r tangnefedd a gafodd ef o brofi cymdeithas uniongyrchol â Duw. Credai nad mewn gweddïo a chanu yr oedd dyn yn darganfod ei fywyd ond yn nyfnderoedd ei ysbryd. Profiad personol ydoedd. Neges Crist yn ei farn ef oedd gonestrwydd, diffuantrwydd, ac yn bennaf oll, cariad.

Cafodd Rowland wrandawiad astud pan anerchodd y bobl, ond pan aeth Jeremy Mellor i siarad ar ei ôl, ymosodwyd arnynt gan wneud hwyl am eu pennau. Taflwyd cynnwys pot siambr drostynt a sylweddolodd Mellor fod yr iaith yn broblem, yn creu gwahanfur ac yn rhwystro gwir gymundeb.

Cafodd Lisa ei threisio gan Huw Morris ar y ffordd adref o'r ffair, a phan welodd Rowland Ellis ei chyflwr a sylweddoli pwy oedd yn gyfrifol, cafodd Huw Morris y sac. Yr unig sylw a wnaeth y gwas oedd:

''Dach chi'n deall dim am fywyd.'

Sylwadau

Cymeriadau

Dangos fod Rowland wedi cymryd cam pwysig at y Crynwyr a'i fod yn barod i rannu syniadau â'r bobl yn y ffair. Sylwadau Huw Morris yn dangos fod Rowland allan o gysylltiad â bywyd go iawn.

Plot

Carreg filltir bwysig yn natblygiad Rowland fel Crynwr.

Thema

Unwaith eto y bobl yn y dyrfa yn ymddwyn yn greulon.

Cefndir

Disgrifiad o'r ffair yn ychwanegu at ein gwybodaeth o'r cyfnod.

Arddull

Mae'r bennod yn cyrraedd uchafbwynt ar y diwedd yn y gwrthdaro rhwng Rowland a'i was.

Pennod III

Roedd y Crynwyr yn awr yn wynebu cyfnod o erledigaeth gwaeth nag o'r blaen. Roedd Rowland Ellis wedi teithio i gyfarfod y mudiad yn Llundain ac oddi yno danfonodd lythyr at ei gyfnither, Marged Owen, Dyffrydan.

Soniodd Thomas Lloyd wrth Rowland fod William Penn wedi cael tir yn Siersi Newydd a'i fod yn bwriadu ei droi yn dalaith i bawb a fynnai fyw mewn gwlad â rhyddid cydwybod. Teimlad Rowland oedd ei fod am aros yng Nghymru am fod yr ardal yn golygu cymaint iddo.

42

Penderfynodd Dorcas deithio i Fryn-mawr i weld ei chwaer a'i chariad. Wedi gwlychu'n sopen ar y ffordd, bu'n rhaid iddi gael benthyg gwisg lachar rywiol gan Lisa. Ar yr un adeg cyrhaeddodd dau gwnstabl i chwilio am Ellis Puw. Cawsant gamargraff o Dorcas oherwydd y wisg ac yn y pen draw talodd Lisa'r pris er mwyn achub Dorcas ac Ellis.

Sylwadau

Cymeriadau

Y ffaith bod Lisa yn bodloni chwant y cwnstabl (profiad yn nabod profiad) yn dangos mai Huw Morris oedd yn iawn.

Plot

Mae'r llythyr at Marged yn gyfle i fwydo'r newyddion diweddara am y mudiad a phlannu hedyn yr Arbrawf Sanctaidd yn ein meddyliau.

Arddull

Gwrthgyferbyniad rhwng y llythyr yn cyflwyno nifer o ffeithiau anniddorol a'r diweddglo dramatig pan yw'r cwnstabl lloerig yn paratoi i ymosod ar Dorcas.

CNOI CIL
Ydych chi'n cofio?

Pwy sy'n siarad? – Â phwy? – Am bwy?

1. 'Fydda i ddim yn bell i ffwrdd, byth.'

2. 'Fuost ti hefo dy lances heno, carmon?'

3. 'Ni fedraf ddeall dy gyd-wladwyr yn iawn. Siaradwch yn Saesneg, gyfeillion.'

4. 'Taw arnat, y cachgi digywilydd!'

5. 'Faint o hwnna oeddat ti'n 'i ddeall, y fech?'

6. 'Mae'r goleuni hwn oddi mewn i bob dyn.'

7. 'Ble ydach chi'n ei guddied o?'

8. '. . . 'dach chi'n gwybod affeth o ddim am ferched.'

Ystyriwch

● Arferion y cyfnod sy'n dod i'r amlwg yn y ffair.

● Yr anhawster a gafodd Jeremy Mellor i gyfathrebu â'r bobl gyffredin.

● Pam yr oedd y Crynwyr yn cael eu dilorni a'u trin mewn ffordd mor sarhaus gan y bobl y tu allan i'r mudiad?

● A ddylai Rowland Ellis fod wedi rhoi'r sac i Huw Morris am dreisio Lisa?

● Sut y mae'r berthynas yn datblygu rhwng Rowland a'i gyfnither, Marged?

Penodau IV-VI

Pennod IV

Dychwelodd Rowland Ellis o Lundain i ddarganfod bod Ellis Puw yn y carchar er iddo haeru nad oedd wedi creu cynnwrf y tu allan i'r eglwys. Pan ymwelodd Rowland â'i was yn y carchar synnodd at ei addfwynder, ei ostyngeiddrwydd a'r tawelwch digyffro a'i meddiannai. Gan fod Rowland wedi gwrthod talu'r degwm i'r eglwys, gwyddai fod yr un gosb yn ei aros yntau.

Aeth Rowland at Lefi Huws, yr ustus, i geisio newid lle gydag Ellis Puw. Gwrthododd dynnu ei het, yn ôl arfer y Crynwyr. Ceisiodd yr ustus ei berswadio i dalu'r degwm, mynd i'r eglwys a

Shadrach a'r Cwnstabl Siencyn.

45

pheidio â chreu cynnwrf. Ateb Rowland oedd y byddai gweithredu felly yn cau allan bob ystyr i fywyd, ac nad oedd ganddo'r un dewis.

Yn ystod ei brawf, gwrthododd Ellis Puw gymryd llw gan ddweud nad oedd ei gydwybod yn caniatáu iddo gymryd llw o unrhyw fath. Aed ag ef yn ôl i'r carchar.

Ceisiai Rowland benderfynu a ddylai ofyn i'w gyfnither Marged Owen ei briodi. Deallai a rhannai ei ddyheadau ysbrydol dyfnaf, ac fe'i hedmygai oherwydd ei thynerwch, ei thangnefedd a'i deallusrwydd.

Credai Lefi Huws, yr ustus, mewn trefn. Yn ei farn ef, gwendid oedd trugaredd. Aeth Morris Jones y person ato i'w berswadio i fod yn fwy llym wrth y Crynwyr.

Sylwadau

Cymeriadau

Cyfnod yn y carchar yn amlygu cymeriad Ellis Puw. Yr addfwynder, y gostyngeiddrwydd a'r tawelwch a berthynai iddo yn amlwg.

Plot

Gwrthdaro rhwng cydwybod a deddf gwlad. Y Crynwyr yn gwrthod cymryd llw. Rowland yn ystyried priodi Marged.

Thema

Dangos gallu anhygoel y Crynwyr i ddioddef er mwyn eu cred.

Arddull

Yr ustus yn gwneud ei orau i resymu â Rowland ond ymateb Rowland yn dangos styfnigrwydd.

46

Pennod V

Cadwodd y Rheithor gofnod o bob un na ddeuai i'r eglwys, ac roedd sectau heblaw'r Crynwyr yn eu plith. Gwrthododd y Crynwyr yn bendant gymryd llw o ffyddlondeb i'r brenin am fod y Beibl yn gorchymyn 'Na thwng ddim'.

Cawsant eu dirwyo a'u taflu i garchar. Carcharwyd Rowland Ellis am ychydig ond rhyddhawyd ef ar ôl iddyn nhw ddwyn gwerth £50 o'i stoc. Sylweddolai Rowland mai dechrau helynt oedd hyn i gyd.

Derbyniodd Marged Owen ei gynnig i'w briodi a threfnai Dorcas ac Ellis briodi yn yr hydref yn ogystal. Pan welodd Shadrach, y cwnstabl, Dorcas, fe'i cyhuddodd o fod yn butain oherwydd y wisg fenthyg a welodd amdani ym Mryn-mawr. Rhedodd ar ei hôl. Dechreuwyd ei churo a chafodd ei gwthio i waelod y Bont Fawr. Symudwyd y Gadair Goch ymlaen. Fe'i gwthiwyd i mewn, ac ar ôl yr ail drochiad roedd hi'n anymwybodol. Fe'i cariwyd hi 'nôl yn nhrol Gwallter o'r Ganllwyd a bu farw a gwên dangnefeddus ar ei hwyneb.

Sylwadau

Cymeriadau

Y Crynwyr yn dioddef oherwydd eu styfnigrwydd yn gwrthod cymryd llw. Marged yn derbyn cynnig Rowland. Boddi Dorcas yn effeithio ar bawb.

Plot

Golygfa ddramatig iawn gyda'r cwnstabl yn cyhuddo Dorcas, yn ei herlid ac yn ei rhoi yn y Gadair Goch. Diweddglo tawel, trist mewn gwrthgyferbyniad.

Thema

Creulondeb torf o bobl yn boddi merch ifanc ddiniwed. Er bod problem feddyliol gan Shadrach roedd pobl eraill yn ei gynorthwyo.

47

Pennod VI

Claddwyd Dorcas yn y fynwent newydd. Dechreuodd Rowland ofidio am ei ddyfodol a breuddwydiai am yr Arbrawf Sanctaidd mewn gwlad bell. Nid ffoi fyddai hynny ond paratoi teyrnas newydd. Roedd Rowland a Marged yn deall ei gilydd.

Darllenodd offeiriad y plwyf restr o enwau'r Crynwyr na fu yn yr eglwys.

Sylwadau

Cymeriadau

Ellis yn siarad am Dorcas fel petai yn fyw o hyd. Pwyslais ar y byd ysbrydol yn nodweddiadol o feddylfryd y Crynwyr.

Plot

Ein paratoi ar gyfer y syniad o fynd i'r Amerig.

Thema

Cyfeiriad at restr o enghreifftiau ller oedd y Crynwyr wedi dioddef oherwydd eu cred. Pwysleisio eu gwytnwch yn wyneb pob creulondeb.

Arddull

Arddull drafodus yn gwyntyllu'r posibiliadau a'r problemau yn deillio o gynnig William Penn.

CNOI CIL
Ydych chi'n cofio?
Pwy sy'n siarad? – Â phwy? – Am bwy?

1. 'Os ydy eich gwas yn y carchar, mae o wedi cyflawni trosedd.'

2. 'Dyna ti, 'mech i. Rwyt ti'n reit ddiogel rŵan.'

3. 'Dyna iti le gwerth chweil sy yn yr Hengwrt. Mae hyd yn oed y morynion yn cael cynfasa sidan i gysgu ynddyn nhw.'

4. 'Y mae dros yr Iwerydd diroedd lawer, mor anial yn awr ag oedd Gardd Eden cyn i'r Arglwydd chwythu ei anadl sanctaidd drosti.'

5. 'Roedd hitha'n debyg i chdi . . . pob putain yn debyg i'w gilydd.'

Ystyriwch

• Ydych chi'n credu bod y Crynwyr yn styfnig ac yn ffôl wrth wrthod cymryd llw o wrogaeth i'r brenin?

• A oedd Rowland Ellis yn gwneud y peth iawn wrth ystyried priodi Marged er bod y berthynas rhyngddyn nhw yn wahanol iawn i'r berthynas rhyngddo ef a Meg?

• Pam yr oedd y bobl mor barod i wrando ar Shadrach wrth gosbi Dorcas?

• Pe baech chi'n byw yn y cyfnod hwn, fyddech chi wedi ochri gyda Lefi Huws, yr ustus, neu gyda'r Crynwyr?

• Ai mympwy oedd yn peri iddynt wrthod tynnu eu hetiau?

Penodau VII-IX

Pennod VII

Yn y carchar roedd deg yn yr un gell, saith o ddynion a thair merch, a dau wely un unig ar eu cyfer i gyd. Gofalai Lisa am y plant ym Mryn-mawr. Roedd serenedd Jane Owen fel lamp yn dal i oleuo'r tywyllwch. Wrth i'r flwyddyn dynnu at ei therfyn aeth y gell yn oerach ac yn oerach. Roedd yn amlwg fod nam ar feddwl Siân.

Gorfod i'r Crynwyr gerdded i'r Bala i sefyll eu prawf o flaen y Barnwr Walcott gan wybod nad oedd gobaith am drugaredd. Cawsant eu cyhuddo o fod yn euog o gyflwyno gallu tramor i'r wlad a'u bod ymhellach yn cyhoeddi goruchafiaeth y Pab uwchben brenin Lloegr. Y cyhuddiad oedd *praemunire* (hen ddeddf o ddyddiau Mari Waedlyd). Y gosb arferol oedd colli tir ac eiddo i'r Goron. Dechreuodd Rowland Ellis ystyried y posibilrwydd o fynd i America.

Gwrthododd y Crynwyr gymryd llw. Pe bai eu cydwybod yn caniatáu iddynt wneud hynny, llw o ffyddlondeb i'r brenin fyddai.

Ymfudo i Bennsylvania.

50

Eu cred oedd bod Crist yn gorchymyn iddynt beidio â chymryd llw hyd yn oed pe rhoddid eu corff i'w losgi. Gofynnodd y Barnwr iddynt a oeddent yn haeru fel Crynwyr nad oedd unrhyw sect arall yn Grist-nogion. Ar ôl iddynt ateb, y ddedfryd oedd euog. Cawsant eu dedfrydu gan y Barnwr i gael eu crogi a'u pedrannu, a'r gwragedd i'w llosgi.

Safai'r Cyfeillion fel creaduriaid wedi eu clymu â rhaffau. Roedd y ddedfryd yn anghredadwy. Yn sydyn, yng nghefn y neuadd, ymddangosodd dyn mewn dillad cwnsler y brenin a gofynnodd am ganiatâd i gyflwyno ei neges. Dywedodd fod ganddo neges oddi wrth y Barnwr Hale, y prif farnwr, a chyhuddodd y Barnwr Walcott o fod o dan gamargraff ynglŷn â'r gyfraith. Eglurodd nad oedd hawl ganddo i weinyddu'r gosb eithaf am y drosedd hon, a bod y brenin yn synnu ei fod yn dal i weinyddu'r hen gosb oherwydd ei gasineb personol at y Crynwyr.

Cafwyd distawrwydd perffaith yn y llys a thaflwyd allan y cyhudd-iadau yn erbyn y Crynwyr. Daeth terfyn ar yr erlid mawr o'r diwedd a theimlai Rowland Ellis fel pe bai'n chwarae rhan mewn drama.

Sylwadau

Cymeriadau

Y Barnwr Walcott yn camweinyddùr gyfraith oherwydd casineb personol at y Crynwyr.

Plot

Arwydd o gyfnod gwell ar y gorwel. Llai o reswm dros adael Cymru.

Thema

Unwaith eto hunanddisgyblaeth y Crynwyr yn amlwg, ond rhyddhad hefyd pan gafodd y ddedfryd ei diddymu.

Arddull

Golygfa ddramatig iawn gydà'r tro annisgwyl ar y diwedd.

Daeth diwedd ar yr erledigaeth a chafwyd mwy o oddefgarwch. Daliai pobl i chwerthin am ben y Crynwyr, ond daeth peth edmygedd i'r amlwg hefyd.

Yn 1678 priododd Rowland a Marged, a ganwyd mab iddynt ymhen blwyddyn. Dechreuodd Lisa garu â Tomos y gwas. Âi Ellis i bregethu o gwmpas y wlad, ac er mai pregeth syml oedd ganddo roedd nerth ei bersonoliaeth yn ddigon amlwg.

Galwodd Siôn ap Siôn a Thomas Lloyd i ddweud wrth Rowland Ellis fod William Penn wedi cael tir yn Lloegr Newydd a'i fod yn awyddus i'w rannu yn fân diriogaethau a'u gwerthu i'r Cyfeillion am bris rhesymol (sgubor a thŷ £15.10s; stoc £24.01s.). Methai Rowland â phenderfynu beth i'w wneud. Dywedodd Marged fod yn rhaid i bawb fynd os oedd rhai yn mynd.

> Does dim dewis gynnon ni rŵan, nag oes? Os ydan ni am gadw gyda'n gilydd yn gryf ac yn ddylanwadol, mae'n rhaid i ni i gyd fynd.

Sylwadau

Cymeriadau

Rowland yn dangos ei fod mewn cyfyng gyngor mawr, yn cael ei demtio i fynd yn erbyn cyngor Marged. Cymeriad Marged yn dangos cryfder a synnwyr cyffredin.

Thema

Rowland a Marged yn priodi. Tomos a Lisa yn caru.

Arddull

Arddull ddadleuol. Siôn ap Siôn a Thomas Lloyd yn ceisio perswadio Rowland, a Marged yn dangos yr ochr negyddol i'r fenter.

Pennod IX

Roedd y prynu mawr wedi dechrau a'r cwmni bach o Grynwyr yn chwalu fel yr oedd Marged wedi proffwydo; chwalu cyn eu bod yn symud modfedd o'u cartrefi. Mawr y dyfalu ble yn union y byddent a sut y rhennid y tir. Roedd y Cymry am gael sicrwydd gan William Penn y caent aros i gyd gyda'i gilydd. Cafodd Rowland ei ddenu gan y siarad diddiwedd am yr hinsawdd teg, y pridd da, a'r cnydau o ŷd ar y gwastadeddau breision. Erbyn hyn roedd Marged yn disgwyl eu pumed plentyn.

Cytunodd Penn y gallai'r Cymry aros yn dalaith Gymreig o fewn ei diriogaeth ef. Penderfynodd alw'r tir yn Pennsylvania. Edrychai Marged arno fel dyn balch, dewr, diddychymyg ac ystrywgar. Roedd hi'n bles ar bethau fel yr oedden nhw a chredai y byddai pawb yn difaru. Ni allai Rowland addo iddi y byddai'n aros. Meddyliodd am ddanfon Lisa a Tomos o'i flaen, a chydsyniodd Marged.

Cyhoeddodd Ellis ei fod am briodi Sinai, mam ei gariad (am fod y ddau wedi eu clymu drwy Dorcas). Ar ôl teithio i Aberdaugleddau sylweddolodd Rowland nad oedd troi'n ôl yn bosibl mwyach. Roedd ei dynged anochel ar fwrdd y llong. Credai eu bod yn mynd i rywbeth newydd a glanach ac mai'r Arglwydd oedd yn eu harwain nhw. Criodd Marged am ei bod yn sylweddoli gymaint y golled ar eu hôl.

Sylwadau

Cymeriadau

Marged yn dangos ei bod yn barod i gydsynio â'i gŵr yn erbyn ei hewyllys. Dangos llawer mwy o hyblygrwydd na Meg. Rowland yn cael ei swyno gan y sôn am diroedd breision (efallai bod sylw Huw Morris yn deg pan ddywedodd nad oedd yn deall dim am fywyd).

Plot

Diweddglo taclus i'r nofel – Tomos a Lisa yn priodi. Sinai ac Ellis yn bwriadu priodi er ei bod hi yn fam i'w gariad (unwaith eto, pwysleisir elfen ysbrydol – eu clymu drwy Dorcas).

Thema

Un o themâu pwysig y nofel, sef bod ymfudo yn tlodi cymdeithas ac ardal.

Arddull

Diweddglo trist oherwydd bod pawb yn sylweddoli nad oedd troi'n ôl yn bosibl bellach. Pwysleisir hyn gan eiriau olaf Marged: 'Y golled . . . O! Y golled . . .'

CNOI CIL
Ydych chi'n cofio?

Pwy sy'n siarad? – Â phwy? – Am bwy?

1. 'Mae gen ti ddawn anghyffredin . . . Fe ddylet fod yn feddyg.'

2. 'Does dim rhaid iti fod ag ofn deud wrtha' i.'

3. 'Mae'r ddedfryd wedi ei phasio. Does dim rhagor i'w ddweud.'

4. 'Meddwl oeddwn i – tybed gawn i ddŵad â gwraig efo mi pan awn ni i'r Merica?'

5. 'Pam na allwn ni weithio ar gyfer Arbrawf Sanctaidd yn ein gwlad ein hunain?'

6. 'Mae rhin ein bro ar fwrdd y llong yna. Y golled . . . O! Y golled . . .'

Ystyriwch

• Gallu'r Crynwyr i ddioddef caledi bywyd y carchar, a'u styfnigrwydd wrth beidio â thyngu llw.

• Penderfyniad y Barnwr Walcott i weinyddu'r gosb eithaf er ei bod yn anghyfreithlon iddo wneud hynny.

• Ymateb Marged i'r cynnig a wnaed gan William Penn.

• Penderfyniad Ellis Puw i briodi Sinai Robarts.

• Sylwadau Rowland a Marged ar y cei yn Aberdaugleddau.

Dadansoddiad

THEMÂU

---

1. Effaith cydwybod un person â syniadau amhoblogaidd neu beryglus ar ei deulu nad oedd yn cytuno â nhw.

2. Gwrthdaro rhwng cydwybod a deddf gwlad.

3. Y dewrder a'r arwriaeth anhygoel a ddangosir gan ddynion o dan rym argyhoeddiadau cryfion.

4. Creulondeb torf o bobl a'r awydd i gydymffurfio.

5. Ymfudo o ardal neu wlad yn golled enfawr, yn amddifadu'r llefydd hynny o asgwrn cefn y gymdeithas.

---

1. *Effaith cydwybod un person â syniadau amhoblogaidd neu beryglus ar ei deulu nad oedd yn cytuno â nhw.*
   - Ymrwymiad Rowland Ellis i'r Crynwyr yn achosi rhwyg rhyngddo a'i wraig Meg.
   - Doedd Marged ddim am fynd i Bennsylvania ond cydsyniodd â'i gŵr yn y diwedd.

2. *Gwrthdaro rhwng cydwybod a deddf gwlad.*
   Yn unig beth oedd yn ofynnol i'r Crynwyr ei wneud oedd tyngu

llw o ffyddlondeb i'r brenin. Ar sail cydwybod doedden nhw ddim
yn barod i dyngu llw. Ofer fu ymdrech Lefi Huws i'w perswadio.

3. *Y dewrder a'r arwriaeth anhygoel a ddangosir gan ddynion o dan
   rym argyhoeddiadau cryfion.*
   – Mentrodd Rowland Ellis bregethu yn y ffair gan ddioddef yn
     enbyd oherwydd hynny.
   – Dioddefodd y Crynwyr gyflwr difrifol y carchar er mwyn eu
     ffydd.

4. *Creulondeb torf o bobl a'r awydd i gydymffurfio.*
   – Parodrwydd y bobl gyffredin i foddi hen wraig ddiniwed fel
     Betsan Prys.
   – Dorcas yn dioddef yr un driniaeth. Mae'n amlwg fod Shadrach
     yn dioddef o salwch meddwl ond cheisiodd neb ei hachub o'i
     grafangau.

5. *Ymfudo o ardal neu wlad yn golled enfawr, yn amddifadu'r llefydd
   hynny o asgwrn cefn y gymdeithas.*
   – Roedd Marged yn sylweddoli y byddai colli'r arweinwyr
     dylanwadol yn drychineb i'r mudiad.

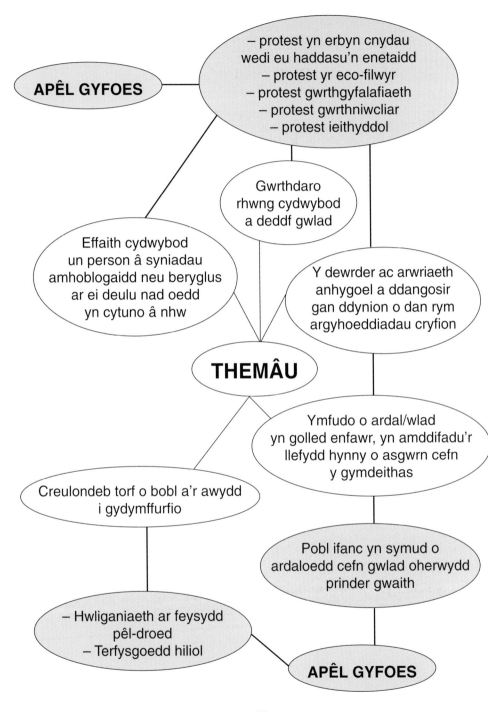

APÊL GYFOES

– protest yn erbyn cnydau
wedi eu haddasu'n enetaidd
– protest yr eco-filwyr
– protest gwrthgyfalafiaeth
– protest gwrthniwcliar
– protest ieithyddol

Gwrthdaro
rhwng cydwybod
a deddf gwlad

Effaith cydwybod
un person â syniadau
amhoblogaidd neu beryglus
ar ei deulu nad oedd
yn cytuno â nhw

Y dewrder ac arwriaeth
anhygoel a ddangosir
gan ddynion o dan rym
argyhoeddiadau cryfion

THEMÂU

Ymfudo o ardal/wlad
yn golled enfawr, yn amddifadu'r
llefydd hynny o asgwrn cefn
y gymdeithas

Creulondeb torf o bobl a'r awydd
i gydymffurfio

Pobl ifanc yn symud o
ardaloedd cefn gwlad oherwydd
prinder gwaith

– Hwliganiaeth ar feysydd
pêl-droed
– Terfysgoedd hiliol

APÊL GYFOES

STRWYTHUR/PLOT

Roedd yn rhaid i Marion Eames weithio o fewn fframwaith arbennig, e.e.

Cyfyngiadau Amser

Mae'r cyfan yn gorfod digwydd rhwng 1672 a diwedd y ganrif, a rhaid i'r nofel adlewyrchu naws y cyfnod hwnnw.

Lleoliad

Gan mai adrodd hanes y Crynwyr yn ardal Dolgellau yw bwriad yr awdur, rhaid i'r nofel adlewyrchu'r tirlun, arferion y bobl a'u ffordd arbennig o siarad.

Cymeriadau

Gan fod y rhan fwyaf o'r cymeriadau yn gymeriadau hanesyddol dilys, y maer awdur yn gaeth i'r ffeithiau amdanynt.

Camp arbennig Marion Eames yw ei bod wedi llwyddo i wau'r holl elfennau hyn i mewn i fframwaith y nofel yn gwbl naturiol a chredadwy.

- Cyfres o ddigwyddiadau â rhesymau a chanlyniadau yw'r plot.

- Yn *Y Stafell Ddirgel* y mae'r plot yn dilyn hynt a helynt Rowland Ellis, a'r cerrig milltir pwysig yn ei daith ysbrydol at y Crynwyr. Dyma rai ohonynt:

  – Cyflogi Ellis Puw fel gwas a chael ei ddylanwadu ganddo.

  – Cyfarfod â Jane Owen a chael gwahoddiad i gwrdd y Crynwyr yn Nolserau.

  – Ymweld â Sinai Robarts, gwraig y Crynwr, a chynnig gwaith i un o'r merched.

  – Mynychu'r cyfarfod yn Nolserau a chael tawelwch meddwl yno.

- Achub merch y teiliwr, gan wneud ymrwymiad cyhoeddus i'r mudiad.
- Datblygu fel arweinydd naturiol.
- Pregethu yn y ffair.
- Cael ei swyno gan gynnig William Penn.
- Dioddef cyfnod o erledigaeth.
- Priodi Marged a phenderfynu cymryd rhan yn yr Arbrawf Sanctaidd.

IS-BLOT

Mae helyntion Huw Morris a Lisa yn ffurfio rhyw fath o is-blot yn y nofel. Y pwrpas yw:

- Gwneud sylwadau ar y prif gymeriadau (Huw Morris – Rowland Ellis).
- Dangos agwedd y bobl gyffredin at y Crynwyr.
- Cynnal y bobl bwysig yn ystod yr erledigaeth (Lisa yn gofalu am y teulu a'r stoc ym Mryn-mawr).
- Lisa a Tomos yn arloesi'r ffordd i Rowland Ellis a'r teulu.

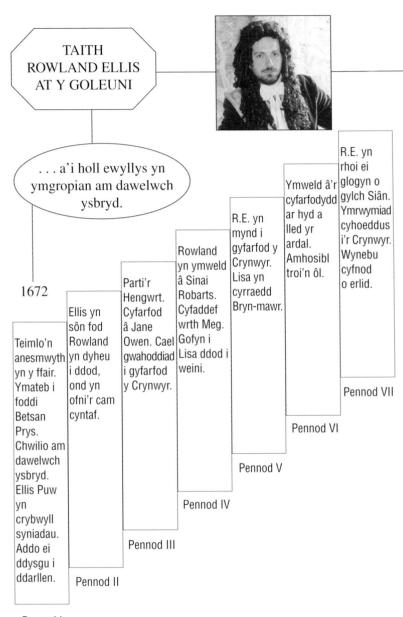

TAITH
ROWLAND ELLIS
AT Y GOLEUNI

. . . a'i holl ewyllys yn
ymgropian am dawelwch
ysbryd.

1672

Pennod I

Teimlo'n anesmwyth yn y ffair. Ymateb i foddi Betsan Prys. Chwilio am dawelwch ysbryd. Ellis Puw yn crybwyll syniadau. Addo ei ddysgu i ddarllen.

Pennod II

Ellis yn sôn fod Rowland yn dyheu i ddod, ond yn ofni'r cam cyntaf.

Pennod III

Parti'r Hengwrt. Cyfarfod â Jane Owen. Cael gwahoddiad i gyfarfod y Crynwyr.

Pennod IV

Rowland yn ymweld â Sinai Robarts. Cyfaddef wrth Meg. Gofyn i Lisa ddod i weini.

Pennod V

R.E. yn mynd i gyfarfod y Crynwyr. Lisa yn cyrraedd Bryn-mawr.

Pennod VI

Ymweld â'r cyfarfodydd ar hyd a lled yr ardal. Amhosibl troi'n ôl.

Pennod VII

R.E. yn rhoi ei glogyn o gylch Siân. Ymrwymiad cyhoeddus i'r Crynwyr. Wynebu cyfnod o erlid.

RHAN I

62

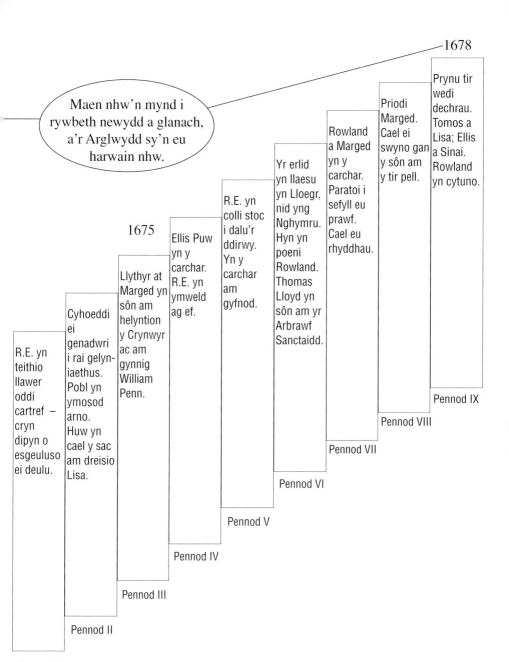

1678

Maen nhw'n mynd i rywbeth newydd a glanach, a'r Arglwydd sy'n eu harwain nhw.

Prynu tir wedi dechrau. Tomos a Lisa; Ellis a Sinai. Rowland yn cytuno.

Priodi Marged. Cael ei swyno gan y sôn am y tir pell.

Rowland a Marged yn y carchar. Paratoi i sefyll eu prawf. Cael eu rhyddhau.

Yr erlid yn llaesu yn Lloegr, nid yng Nghymru. Hyn yn poeni Rowland. Thomas Lloyd yn sôn am yr Arbrawf Sanctaidd.

R.E. yn colli stoc i dalu'r ddirwy. Yn y carchar am gyfnod.

1675

Ellis Puw yn y carchar. R.E. yn ymweld ag ef.

Llythyr at Marged yn sôn am helyntion y Crynwyr ac am gynnig William Penn.

Cyhoeddi ei genadwri i rai gelyniaethus. Pobl yn ymosod arno. Huw yn cael y sac am dreisio Lisa.

R.E. yn teithio llawer oddi cartref – cryn dipyn o esgeuluso ei deulu.

Pennod I

Pennod II

Pennod III

Pennod IV

Pennod V

Pennod VI

Pennod VII

Pennod VIII

Pennod IX

Yr Ail Ran

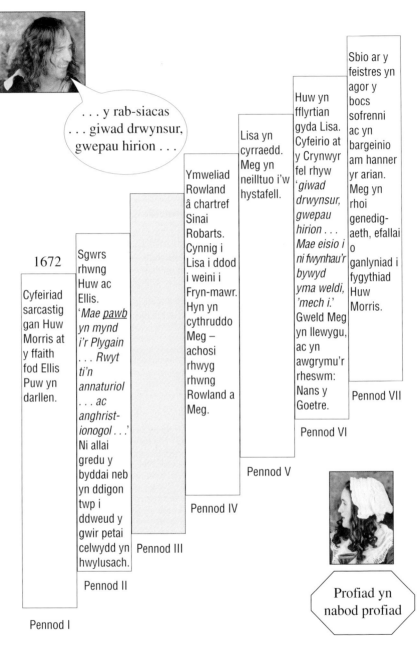

. . . y rab-siacas
. . . giwad drwynsur,
gwepau hirion . . .

1672

Cyfeiriad sarcastig gan Huw Morris at y ffaith fod Ellis Puw yn darllen.

Pennod I

Sgwrs rhwng Huw ac Ellis. '*Mae pawb yn mynd i'r Plygain . . . Rwyt ti'n annaturiol . . . ac anghrist-ionogol . . .*' Ni allai gredu y byddai neb yn ddigon twp i ddweud y gwir petai celwydd yn hwylusach.

Pennod II

Pennod III

Ymweliad Rowland â chartref Sinai Robarts. Cynnig i Lisa i ddod i weini i Fryn-mawr. Hyn yn cythruddo Meg – achosi rhwyg rhwng Rowland a Meg.

Pennod IV

Lisa yn cyrraedd. Meg yn neilltuo i'w hystafell.

Pennod V

Huw yn fflyrtian gyda Lisa. Cyfeirio at y Crynwyr fel rhyw '*giwad drwynsur, gwepau hirion . . . Mae eisio i ni fwynhau'r bywyd yma weldi, 'mech i.*' Gweld Meg yn llewygu, ac yn awgrymu'r rheswm: Nans y Goetre.

Pennod VI

Sbio ar y feistres yn agor y bocs sofrenni ac yn bargeinio am hanner yr arian. Meg yn rhoi genedig-aeth, efallai o ganlyniad i fygythiad Huw Morris.

Pennod VII

Profiad yn nabod profiad

RHAN I

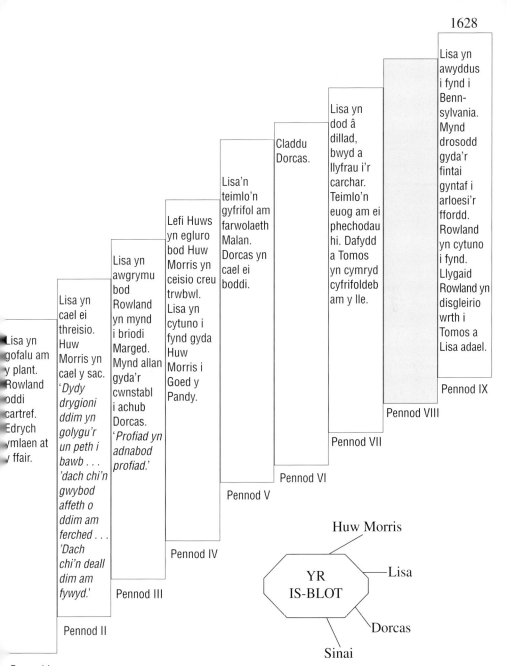

1628

Pennod IX — Lisa yn awyddus i fynd i Bennsylvania. Mynd drosodd gyda'r fintai gyntaf i arloesi'r ffordd. Rowland yn cytuno i fynd. Llygaid Rowland yn disgleirio wrth i Tomos a Lisa adael.

Pennod VIII

Pennod VII — Lisa yn dod â dillad, bwyd a llyfrau i'r carchar. Teimlo'n euog am ei phechodau hi. Dafydd a Tomos yn cymryd cyfrifoldeb am y lle.

Pennod VI — Claddu Dorcas.

Pennod V — Lisa'n teimlo'n gyfrifol am farwolaeth Malan. Dorcas yn cael ei boddi.

Pennod IV — Lefi Huws yn egluro bod Huw Morris yn ceisio creu trwbwl. Lisa yn cytuno i fynd gyda Huw Morris i Goed y Pandy.

Pennod III — Lisa yn awgrymu bod Rowland yn mynd i briodi Marged. Mynd allan gyda'r cwnstabl i achub Dorcas. *'Profiad yn adnabod profiad.'*

Pennod II — Lisa yn cael ei threisio. Huw Morris yn cael y sac. *'Dydy drygioni ddim yn golygu'r un peth i bawb . . . 'dach chi'n gwybod affeth o ddim am ferched . . . 'Dach chi'n deall dim am fywyd.'*

Pennod I — Lisa yn gofalu am y plant. Rowland oddi cartref. Edrych ymlaen at y ffair.

Huw Morris

YR IS-BLOT — Lisa — Dorcas — Sinai

YR AIL RAN

65

CYMERIADAU

ROWLAND ELLIS

urddasol, sensitif, caredig
arweinydd naturiol
dewr
penderfynol
diffuant

Cymeriad hanesyddol a oedd yn byw yng Nghymru yn y cyfnod ar ôl yr Adferiad. Gŵr bonheddig a oedd wedi cael addysg dda mewn ysgol yn Amwythig ac yn medru olrhain ei achau yn ôl at Harri IV a Meurig, Arglwydd Dyfed. Daeth o dan ddylanwad y Crynwyr, mudiad a oedd yn ffynnu yn ardal Dolgellau yn y cyfnod hwn. Mae'n amlwg ar ddechrau'r nofel fod yna wrthdaro yn ei feddwl rhwng yr hen arferion traddodiadol a'r syniadau peryglus a goleddai'r Crynwyr. Byddai derbyn y rhain yn rhwym o chwyldroi ei fywyd yn gyfan gwbl. Gallai olygu rhwyg yn ei fywyd priodasol. Fel Crynwr byddai'n rhaid iddo wynebu erlid ffyrnig, dioddefaint enbyd ac efallai garchar yn y pen draw.

Cymeriad sensitif a charedig
Roedd Rowland Ellis yn gymeriad sensitif iawn. Cafodd boddi Betsan Prys effaith fawr arno a chydymdeimlai â Sinai Robarts pan alwodd yn y tŷ ar ôl claddu ei gŵr. O ganlyniad rhoddodd gyfle i Lisa ddod i weini ym Mryn-mawr. Aeth allan o'i ffordd i helpu Ellis Puw i ddysgu darllen a chofiodd brynu anrhegion i'w wraig yn y ffair.

Arweinydd naturiol
Roedd wedi cael digon o addysg i fedru mynychu'r cyfarfodydd yn Lloegr. Roedd ganddo bersonoliaeth arbennig ac yr oedd y bobl yn

barod i wrando arno, e.e. pan aeth i helpu Siân a phan drodd i bregethu gyda Jeremy Mellor.

Dewr

Roedd yn ddigon dewr i dderbyn y canlyniadau o fod yn Grynwr. Gwyddai y byddai'n peryglu ei fywyd ei hunan a'i deulu wrth eu dilyn, ac yn nes ymlaen wynebu cyfnod yn y carchar.

Penderfynol

Unwaith y mae'n dod i benderfyniad mae'n cadw ato, e.e. pan yw'n ymuno â'r Crynwyr a phan yw'n dewis ymfudo i Bennsylvania.

Diffuant

Roedd yn hollol ddiffuant ynglŷn â'i berthynas â'r Crynwyr a gwnaeth ei orau dros y mudiad. Serch hynny, gellir ei feirniadu am esgeuluso ei blant a'i wraig. Doedd Marged ddim am fynd i Bennsylvania, ond yn y pen draw mynnodd ei gŵr gael ei ffordd.

CAMAU YN NHAITH ROWLAND ELLIS AT Y GOLEUNI:

Digwyddiadau'r ffair

Rowland wedi diflasu ar rialtwch y ffair. Boddi Betsan Prys yn codi cyfog arno ac ar y ffordd adref mae'n eistedd ar foncyff gan wneud ei orau i chwilio am dawelwch ysbryd.

Noson y ffair

Ellis Puw, y gwas newydd, yn cyflwyno syniadau peryglus a oedd yn nodweddiadol o athroniaeth y Crynwyr. Rowland yn cynnig ei gynorthwyo i ddysgu ddarllen.

Parti'r Hengwrt

Cyfarfod â Jane Owen, gwraig Robert Owen, arweinydd y Crynwyr, a chwaer Hywel Vaughan. Cael gwahoddiad i fynd i gyfarfod y Crynwyr yn Nolserau ar Nos Galan.

Ymweld â chartref Sinai Robarts

Ar ôl marwolaeth ei gŵr aeth Rowland i gydymdeimlo â hi yn ei chartref. Cynigiodd waith i Lisa ym Mryn-mawr ac achosodd hyn rwyg anochel rhyngddo a'i wraig.

Cyfarfod y Crynwyr

Cafodd awyrgylch yr ystafell ddylanwad mawr ar Rowland. Fe'i hamgylchynwyd gan wefr o hapusrwydd yng nghanol y cwmni tawelaf a welodd erioed. Gwyddai'n awr nad oedd troi'n ôl yn bosibl. Beth bynnag a ddeuai, pa beryglon bynnag a'i hwynebai, a pha aberthau bynnag a ofynnid ohono, yma yr oedd ei gartref gyda'r bobl hyn ar hyd ei oes, mwyach.

Achub Siân, merch y teiliwr

Taflodd ei glogyn am ferch y teiliwr er mwyn ei hachub rhag dialedd y dyrfa. Edrychai'r Crynwyr arno yn awr fel olynydd i Robert Owen. Treuliodd gryn dipyn o amser yn mynychu cyrddau yn Lloegr ac yn gweithio dros achos y Cyfeillion.

Ymweliad Jeremy Mellor

Ar noson y ffair trodd Rowland i bregethu am ei fod am rannu gyda phobl ei ardal ei hun yr hapusrwydd o brofi cymdeithas uniongyrchol â Duw.

Yr Arbrawf Sanctaidd

Ar ddiwedd y nofel mae cynnig William Penn, sef talaith yn Siersi Newydd i bawb a fynnai fyw mewn gwlad â rhyddid cydwybod, yn achosi penbleth i Rowland Ellis unwaith eto. Gwelai ym Mhennsylvania dir yr addewid lle câi ryddid a llonydd i addoli fel y mynnai.

Yr ail briodas

Yn 1678 priododd Rowland ei gyfnither, y ferch a ddeallai ac a rannai ei ddyheadau ysbrydol dyfnaf. Mae'r uniad ysbrydol hwn ar lefel hollol wahanol i'r berthynas a oedd rhyngddo a'i wraig gyntaf. Penderfynodd Rowland ymfudo am fod cymdeithas sanctaidd yn bwysicach na bro, na thraddodiad, na thras, pethau sy'n perthyn i'r byd hwn. Cytunodd Marged i fynd gydag ef.

Down i adnabod Rowland Ellis fel gŵr dysgedig a sensitif, yn arweinydd naturiol sy'n berchen ar feddwl trefnus ac ymarferol. Roedd yn gwbl argyhoeddedig o'i grefydd ac nid oedd ystyr i fywyd ar wahân i'r profiad newydd a gafodd. Gellid ei feirniadu ef, fel y Crynwyr eraill, am ei ysgaru ei hun oddi wrth y gymdeithas o'i amgylch. Mae'n amlwg fod y goleuni o'r Stafell Ddirgel yn rhoi nerth eithriadol iddo wynebu pob math o galedi, ac oddi yno y deilliodd y tawelwch ysbryd y bu'n chwilio amdano.

MEG

prydferth
gosgeiddig
o dras uchel
hoff o fywyd cymdeithasol
medrus
hunanol
maldodus

Gwraig gyntaf Rowland Ellis, Brynmawr. Yn gymeriad hanesyddol dilys. Hi sy'n cynrychioli'r ochr ysgafn i gymeriad ei gŵr, ond newidiodd yn llwyr pan ddaeth Rowland o dan ddylanwad y Crynwyr. Roedd Meg o dras uchel, yn wraig fonheddig ym mhob ffordd. Fe'i ganwyd i fod yn foneddiges i fyw mewn plasty, ac ni theimlai fod Brynmawr yn ddigon crand iddi hi. Roedd ei gosgeiddrwydd a'i hurddas yn fwy addas i'r Hengwrt na nerfusrwydd gwerinol Lowri.

Merch brydferth eithriadol, ei chroen fel llaeth enwyn a'i llygaid fel eirin duon. Cyfeirir at ei thrwyn syth, main, y talcen o farmor, aeliau fel adenydd gwennol, a'r gwallt du yn disgyn yn ringledi ar ei chefn.

Merch fedrus iawn, yn trin ceffyl yn gampus. Roedd yn hoff o ddawnsio a chanu'r delyn, gyda'i bysedd main na fwriadwyd iddyn nhw wneud dim ond brodio a charu. Ar ôl geni ei phlentyn cyntaf dyheai am ailafael yn ei bywyd cymdeithasol. Roedd yn hoff o ddenu sylw dynion fel Hywel Vaughan, ond pwysleisiai nad hoeden

69

mohoni. Hyd yn oed os oedd yn cael blas ar ambell gusan ar y slei, roedd yn dal i gofio ei dyletswydd i'w gŵr.

Roedd Meg yn ddall i bopeth ond ei phrydferthwch ei hunan, a gallai drin dymuniadau a dyheadau ei gŵr fel clai yn llaw'r crochenydd. Pan oedd pawb arall yn ymwybodol o gyflwr meddwl Rowland ar ôl iddo ddychwelyd o'r ffair, roedd Meg yn meddwl dim ond am ei siôl newydd, yr anrheg a gafodd ganddo.

Fel pob gwraig feichiog, roedd yn ofnus wrth wynebu rhoi genedigaeth, a gan ei bod yn bwyta cymaint o afalau, poenai y byddai'r plentyn yn cael ei eni a lwmpyn fel afal arno. Pan ddeallodd fod ei gŵr wedi ymweld â Sinai Robarts, gwraig y Cwacer, bu'n sioc aruthrol iddi. Ni allai oddef dal cysylltiad â pherson o'r fath, a mil gwell ganddi fyddai clywed fod ei gŵr wedi ymweld â phutain.

Ar ôl hyn mae Meg fel petai'n colli gafael ar ei gŵr, a daeth pethau i'r pen pan ddaeth Rowland â Lisa, merch y Cwacer, i weini i Fryn-mawr. Am y tro cyntaf sylweddolodd nad oedd yn bosibl iddi gael ei ffordd ei hunan. Mewn tymer ddrwg, cydiodd mewn gwydr coch a'i daflu'n yfflon i'r llawr cyn troi at ei gŵr a'i daro, rhywbeth na wnaethai erioed o'r blaen. Mae dylanwad y Crynwyr ar Rowland Ellis yn creu gwahanfur rhwng y ddau ac yn effeithio ar eu bywyd priodasol. Roedd ei gŵr wedi gwneud ei ddewis a doedd dim lle bellach i ferch synhwyrus, nwydus, nwyfus yn ei fywyd ef.

Treuliai Meg ei dyddiau yn ei llofft yn gofidio ei bod yn feichiog unwaith eto a bod yna bosibilrwydd y byddai ei gŵr yn gorfod wynebu carchar oherwydd ei ddaliadau. Datblygodd yr ofn yn obsesiwn am gasglu arian, a'r unig beth real yn ei bywyd oedd y bocs yn llawn sofrenni aur. Wedi ceisio bargeinio â Huw Morris, mae'n marw ar enedigaeth ei hail blentyn.

Teimlai Marion Eames yn amheus a oedd wedi gwneud tegwch â'r cymeriad hanesyddol wrth ei chreu mor benchwiban. Teimlai Rowland yn euog am ladd y person nwyfus, synhwyrus a oedd yn wraig iddo. Gellid ystyried ei agwedd tuag ati yn un greulon. Problem y Crynwyr oedd eu bod yn aml yn esgeuluso eu dyletswyddau teuluol oherwydd eu pwyslais ar fyd yr ysbryd.

MARGED OWEN

tynerwch
tangnefedd
deallusrwydd
tawelwch ysbryd

Cymeriad hanesyddol. Ail wraig Rowland
Ellis, Bryn-mawr. Ei chyfarfod y tro
cyntaf pan yw Rowland yn achub Siân
Morris o afael y dorf. Ar ôl ei chario
i'r tŷ, Marged fu'n gofalu amdani.
Syrthiodd mewn cariad ag ef y pryd hwnnw, ac ar ôl claddu Meg bu
Ann a Siân, merched Rowland Ellis, yn treulio llawer o amser gyda
hi yn Nyffrydan.

Edmygedd
Edmygai Rowland Marged oherwydd ei thynerwch, ei thangnefedd
a'i deallusrwydd, a gwyddai ei bod yn deall ac yn rhannu ei
ddyheadau ysbrydol dyfnaf. Nid oedd yn siŵr ar y dechrau a oedd
hyn yn ddigon o reswm dros ei phriodi. Byddai'n fam dda i'w blant,
yn wrandawr, yn drefnydd diffwdan ac yn gyd-weithiwr ysbrydol da;
yr oedd hi'n barod i fod yr hyn yr oedd arno ei eisiau. Roedd
ei berthynas â Marged ar lefel ysbrydol, ac efallai ei bod yn
arwyddocaol iddo ofyn iddi i'w briodi ar ôl cynnal cwrdd ym Mryn-
mawr.

Safbwynt Marged
Gwyddai Marged nad oedd Rowland yn ei charu â'r un angerdd ag a
deimlai tuag at Meg. Gwyddai ei fod yn teimlo'n gysurus ac yn
dangnefeddus yn ei chwmni ond hoffai pe bai'n dangos mwy o
angerdd tuag ati. Carai Rowland â'i holl galon a byddai'n fodlon
aberthu popeth er ei fwyn, hyd yn oed ddangos cariad tuag at Siân ei
ferch fach. Ar ôl clywed y ddedfryd yn y llys, trodd at Rowland a
thorrodd neges o gariad trwy oerni ei galon. Ar ôl eu priodas yn
1678 sylwodd Rowland na wnaeth dyfodiad eu plentyn unrhyw
wahaniaeth i ofal Marged am ei dwy lysferch.

71

Cryfder cymeriad

Merch arbennig iawn a rhyw dawelwch ysbrydol yn perthyn iddi, yr un fath â'r Crynwyr eraill. Hi a gysurai Gainor Ifan ar ôl iddi lewygu ac yr oedd llais Marged yn peri iddi dawelu ar unwaith. Roedd ganddi ffordd arbennig o drin plant, ac o dan ei gofal daeth gruddiau Ann yn fwy coch a gwelwyd gwelliant yng nghymeriad Siân yn ogystal. Byddai'n eu dysgu i adnabod yr adar a'r blodau gwylltion o'u cwmpas. Ar ddiwedd y nofel daw cryfder ei chymeriad i'r amlwg. Pan oedd yr Arbrawf Sanctaidd wedi mynd â bryd ei gŵr, sylweddolai Marged y byddai'r ymfudo yn sicr o ddinistrio'r achos yng Nghymru. Credai Marged y byddai pawb yn difaru, ond ar yr un pryd sylweddolai fod yn rhaid i'r Crynwyr i gyd aros gadw gyda'i gilydd.

Y gwahaniaethau rhwng y ddwy wraig

1. Tra oedd Meg, y wraig gyntaf, yn hollol hunanol, roedd Marged yn barod i ystyried lles ac anghenion pawb arall o'i blaen hi ei hunan.
2. Roedd derbyn ei gŵr fel Crynwr yn ormod i Meg, tra oedd Marged yn barod i fynd i Bennsylvania er bod hynny'n groes i'w hewyllys, a'i bod ar y pryd yn disgwyl eu pumed plentyn.
3. Meg oedd y ferch brydferthaf o'r ddwy, gyda'r ringledi duon a'r talcen fel ewyn. Prydferthwch cymeriad oedd gan Marged.
4. Roedd Marged yn fwy parod i wrando ar syniadau ei gŵr. Tra bod Meg wedi taro'r gwydr coch i'r llawr, ateb Marged mewn sefyllfa debyg oedd, 'Does dim rhaid iti fod ag ofn deud wrtha' i.'

Darlun o Grynwraig

Roedd yr un nodweddion yng nghymeriad Marged ag a berthynai i'r Crynwyr eraill, sef tawelwch ysbryd, dewrder a threfnusrwydd.

Deallusrwydd

Marged yn fwy na neb arall a welai ac a sylweddolai beth oedd goblygiadau'r ymfudo i Bennsylvania, sef tlodi'r gymdeithas yng Nghymru. 'Mae rhin ein bro ni ar fwrdd y llong yna. Y golled . . . O! Y golled . . .'

ELLIS PUW

Crynwr
awyddus i ddysgu
dawn i wella
colli Dorcas
nerth y goleuni oddi mewn
gonestrwydd poenus
dawn fel pregethwr
priodi ei ddarpar fam-yng-nghyfraith

Cymeriad hanesyddol – gwas newydd Bryn-mawr. Bachgen eiddil o gorff a heb fod yn olygus iawn gyda'i wyneb main a'i wallt cringoch, syth. Yn hollol argyhoeddedig o athroniaeth y Crynwyr. Treuliodd ei fywyd yn gwasanaethu'r achos.

Awyddus i ddysgu
Cyfeiriodd y gwas arall ato fel sgolar, ac mae'n amlwg ei fod yn fachgen deallus, ond heb gael manteision addysg. Roedd ganddo dri llyfr yn ei feddiant, ac yn fwy na dim yn y byd fe garai ddysgu darllen. Pan gynigiodd Rowland Ellis ei ddysgu, roedd y diolch ar ei wyneb yn fwy na geiriau.

Y Crynwyr
Pwysigrwydd Ellis Puw yn y nofel yw ei fod yn cyflwyno syniadau'r Crynwyr i'w feistr. Sylweddolai fod ei feistr newydd yn cydymdeimlo â'r Crynwyr ond ei fod yn ofni cymryd y cam cyntaf. Fel y Crynwyr eraill credai mai gwir ystyr addoliad oedd y cysylltiad rhwng Duw a chalon dyn. Atgoffodd Rowland Ellis fod ei dad yn arfer bod yn gefnogol i achos y Crynwyr. Er bod ei feistr yn gwadu hynny, mae'n amlwg fod cynnwys y sgwrs wedi aros yn hir yn ei gof.

Dawn i wella
Amlwg fod gan Ellis Puw ddawn arbennig i wella cleifion, dawn a etifeddodd gan ei fam. Credai ei feistr y dylai fod yn feddyg. Er ei fod yn berson eiddil, roedd ganddo fysedd cryfion, esmwyth. Gwyddai sut i gysuro Ifan Robarts yn y carchar a rhoddodd eli o

lysiau'r cwlwm ar ei goes gan ei rhwymo â chadach. Rhoddodd hyn gryn esmwythâd i'r Crynwr. Pan aeth i dŷ Sinai Robarts gwyddai sut i gysuro Steffan dwy ei droi yn dyner ar ei ochr ac anwesu ei dalcen. Unwaith eto fe'i gwelwn yn tawelu Gainor Ifan yn y carchar.

Colli Dorcas
Carai Dorcas â'i holl galon, a thrychineb oedd ei cholli o ganlyniad i weithred ynfyd gan dorf o bobl ar ddiwrnod ffair. Serch hynny, daliai Ellis i sôn amdani fel pe bai hi yno gydag ef. Mynnai fod ei feistr yn priodi yn yr hydref gan ddweud y byddai Dorcas yn drist os na wnâi. Ar ôl y profiad chwerw hwn roedd Ellis fel dicithryn, ac eto roedd rhyw lonyddwch newydd, dyfnach yn perthyn iddo.

Nerth y goleuni oddi mewn
Amlwg fod Ellis, fel y Crynwyr eraill, yn llwyddo i ddod o hyd i ryw dawelwch ysbryd drwy nerth y goleuni oddi mewn. Pan ymwelodd Rowland Ellis ag ef yn y carchar fe synnodd at yr addfwynder, y gostyngeiddrwydd a'r tawelwch digyffro a'i meddiannai.

Gonestrwydd poenus
Fel y Crynwyr eraill, gwrthodai Ellis gymryd llw. Ni allai ddweud celwydd wrth Huw Morris, a synnai hwnnw at ei onestrwydd poenus. Pan gyhuddwyd ef gan y cwnstabliaid aeth yn union at yr ustus i geisio ei argyhoeddi nad oedd yn euog o'r cyhuddiad.

Dawn fel pregethwr
Hyd yn oed ar ôl colli Dorcas, ni siglwyd ei ffydd yn yr achos, a daw ei ddawn fel pregethwr i'r amlwg. Roedd ganddo lais cyfoethog a darddai fel rhaeadr o'i gorff eiddil, a chawn ddisgrifiad manwl ohono yn pregethu: 'Y glaw yn sgubo dros ei war, ei wallt coch yn diferu o dan yr het gron a chysgod y cantel yn tanlinellu llwydni ei wyneb – ond roedd nerth personoliaeth Ellis wrth bregethu yn goresgyn hyn oll.'

Priodi ei ddarpar fam-yng-nghyfraith
Anodd dychmygu sut y gallai Ellis ystyried priodi Sinai, mam Dorcas, ei gariad. Teimlai Rowland Ellis ei fod yn beth naturiol gan fod y ddau wedi eu cysylltu â'i gilydd drwyddi hi, oherwydd roedd yn amlwg fod Ellis yn briod â Dorcas cyn wired â phe bai'n dal yn fyw.

74

HUW MORRIS

cachgi digywilydd
pryfocyn
diffyg parch
cyfrwys
brolio
hunanol

Un o weision Bryn-mawr. Yn anterth ei
nerth yn gorfforol, ac yn weithiwr da.
Am y rheswm hwnnw roedd Rowland
Ellis yn dal i'w gyflogi. Cymeriad diddorol a lliwgar sy'n rhoi bywyd
i'r nofel ac yn cynrychioli agwedd ysgafnach at fywyd sy'n dra
gwahanol i un y Crynwyr.

'y cachgi digywilydd'
Dyma oedd geiriau Rowland Ellis i'w ddisgrifio, ac er ei holl frolio
mae'n debyg ei fod yn dipyn o gachgi. Pan aeth Meg yn sâl a
llewygu ar ôl ei thriniaeth, prysurodd Huw Morris allan o'r ffordd
cyn gynted ag y medrai.

Pryfocio
Roedd Huw Morris yn hoffi manteisio ar bob cyfle i ddilorni ac i
fychanu pobl eraill, yn enwedig y Cwaceriaid. Mae hyn yn amlwg
o'r bennod gyntaf, pan yw'n cyfeirio'n sarcastig at Ellis Puw, y gwas
newydd: 'Mae Ellis Puw yn sgolar, mistar.' Disgrifiad addas iawn
yw'r un ohono ar ddechrau'r nofel: 'Bob tro yr agorai ei geg roedd ei
eiriau fel neidr yn barod i daro.'

Diffyg parch
Mae'n amlwg oddi wrth ei ymddygiad mai cyndyn iawn oedd Huw
Morris i ddangos parch at ei gyflogwyr na neb arall o ran hynny. Fe
fyddai'n eu cyfarch fel 'mistar' a 'mistras', nid fel 'syr' yr un fath ag
Ellis Puw. Roedd ganddo rywfaint o barch tuag at Meg am ei fod yn
synhwyro o bosibl ei bod o'r un anian ag ef ei hun. 'Yfflon o ddynes
oedd hon – un o'i siort o, yn malio dim am neb.' Serch hynny, pan

dybiodd ei bod yn chwerthin am ei ben ymatebodd yn syth: 'Pa hawl oedd ganddi hi i chwerthin am ei ben, yr hoeden ddigywilydd iddi?' Roedd yn ddigon haerllug i geisio bargeinio â Meg am hanner yr arian yn y cwdyn, a hynny, mae'n debyg, yn arwain mewn ffordd anuniongyrchol at ei marwolaeth.

Cyfrwys
Gŵr cyfrwys eithriadol yw Huw Morris, yn storio pob tamaid o wybodaeth er mwyn ei ddefnyddio i bwrpas arbennig: 'Mae 'na rai petha mae hi'n talu'n well i gadw'n dawel yn 'u cylch.' Enghraifft o hyn oedd y ffaith ei fod wedi synhwyro mai Nans y Goetre oedd yn gyfrifol am gyflwr Meg. Wrth sbio ar Meg darganfu beth oedd ei chyfrinach a mynnai fargeinio am hanner yr arian.

Hoffi brolio
Roedd Huw Morris yn hoffi brolio am ei gampau carwriaethol (y byddigions yn yr Hengwrt yn fodlon talu coron am ei wasanaeth). Broliai mai ganddo ef oedd y cyhyrau mwyaf yn y fro: 'Sythodd ei gefn a chwyddodd ei frest allan, fel y gwnâi bob amser y'i câi ei hun yng nghwmni merch dlos, beth bynnag ei stad.' Mae'n debyg nad Nans y Goetre oedd yr unig un a ddyheai am deimlo ei freichiau cyhyrog o'i chwmpas. Mae'n amlwg bod Lisa ar y cychwyn yn hoffi'r sylw a dalai iddi, ac yr oedd yn barod i redeg ar ei ôl hyd yn oed ar ôl cael ei threisio.

Gellir edrych ar gymeriad Huw Morris mewn goleuni cwbl wahanol. Yn y cyfnod hwn, mwy na thebyg ei bod yn gwbl naturiol i was gymryd mantais o'r forwyn. Gwelir hyn yn y syndod a ddengys Huw Morris pan yw Rowland yn ei ddanfon o Fryn-mawr. Mae'n cyfiawnhau ei weithredoedd drwy ddweud ei fod yn nabod Lisa yn well na'i feistr, ac y byddai hi yn debygol o ymddwyn fel hyn o bryd i'w gilydd. Wrth gwrs, yng nghwrs y nofel gwelir mai Huw sy'n iawn pan yw Lisa yn bodloni blys y cwnstabl er mwyn achub ei chwaer. Cawn ein hatgoffa gan Huw nad yw drygioni yn golygu yr un peth i bawb, ac yn ei farn ef roedd rhyw a thrais yn rhan naturiol o fywyd.

Mae Huw Morris yn gymeriad credadwy, ac er gwaethaf ei frolio, synhwyrwn bod yr awdur yn cydymdeimlo ag ef. Yn y frwydr eiriol, y gwas sy'n ennill, nid y meistr. Ei bwysigrwydd yn y nofel yw dangos yr ochr ysgafn i fywyd a dangos agwedd arall at y Crynwyr: '. . . rhyw giwad drwynsur, gwepau hirion.'

Beth bynnag, cymeriad Huw Morris yw'r un mwyaf lliwgar yn y nofel, a byddai'r stori yn dlotach heb ei bryfocio a'i sylwadau dilornus am bobl eraill.

LISA

tipyn yn benchwiban
yn byrlymu o frwdfrydedd
naïf a dibrofiad

Ail ferch Ifan a Sinai Robarts. Er mwyn helpu'r teulu cynigiodd Rowland Ellis waith iddi ym Mryn-mawr. Er ei bod yn perthyn i deulu o Grynwyr mae ei hagwedd hi yn bur wahanol. Cawn ddisgrifiad ohoni yn dipyn yn ben-chwiban yn crwydro'r mynydd fel plentyn sipsiwn ac yn tynnu'n groes i'w mam drwy fyw ei bywyd ei hun ar wahân i'r teulu.

Roedd mynd i Fryn-mawr yn antur newydd i'r ferch ifanc ddibrofiad. Pranciai ar y ffordd fel merlen mynydd a chyrhaeddodd yn llawn chwilfrydedd. Yn anffodus, wrth holi cymaint, gwnaeth gamargraff ar Malan a oedd wedi penderfynu o'r cychwyn ei bod yn eneth bowld a digywilydd. Yr oedd Meg yn ei herbyn am fod Rowland wedi ei chyflogi heb hyd yn oed drafod y syniad gyda hi o gwbl. Roedd tŷ crand Bryn-mawr yn agoriad llygad i Lisa a syllai ei llygaid mewn edmygedd ar un dodrefnyn ar ôl y llall.

Merch ifanc hollol naïf oedd Lisa ac ni bu'n hir cyn syrthio i grafangau Huw Morris. Cafodd ei threisio ar y ffordd adref o'r ffair. Ceisiodd Huw Morris ei amddiffyn ei hun drwy ddweud ei bod yn hollol naturiol i was gysgu gyda'r forwyn ac y byddai Lisa yn debygol o droi at ddynion eraill. Fel y mae'n digwydd daw ei eiriau yn wir wrth i Lisa fodloni chwant y cwnstabl er mwyn achub Dorcas. Yn nes ymlaen y mae Lisa yn derbyn gwahoddiad Huw i fynd gydag ef i Goed y Pandy.

Teimlai Lisa yn gyfrifol am farwolaeth Malan ac y mae'n cael rhyw fath o dröedigaeth ar ôl hynny. Pan oedd Rowland a Marged yn y carchar cymerodd gyfrifoldeb am y plant, a rhedodd yn ôl a blaen i'r carchar gyda bwyd, dillad glân a llyfrau i'r carcharorion.

Ar ddiwedd y nofel, Lisa sy'n sbarduno Rowland i brynu tir ym Mhennsylvania. Edrychai ymlaen at yr antur yma gyda'r un brwdfrydedd a oedd yn amlwg ar ddechrau'r nofel. Fe fyddai'n priodi Tomos y gwas ac yn mynd allan i arloesi'r ffordd o flaen Rowland Ellis a'r teulu. Ffarweliwn â hi ar y cei yn Aberdaugleddau yn disgwyl am y llong i'w chludo i'r fenter fawr dros y môr.

DORCAS

Merch hynaf Ifan a Sinai Robarts. Yn gadarn dŵr i'w mam ac yn gofalu am Steffan ei brawd a oedd yn marw o'r diciáu. Merch sy'n amlygu holl nodweddion y Crynwyr ac wedi cytuno i briodi Ellis Puw. Yn anffodus, oherwydd ei bod wedi gorfod cael gwisg fenthyg ar ôl mynd i Fryn-mawr i weld ei chwaer, caiff y cwnstabl lloerig gamargraff ohoni. Mae'n ei chysylltu â'i fam a oedd yn puteinio, ac mewn golygfa arall mae'n dial arni drwy ei rhoi yn y Gadair Coch. Bu farw Dorcas o ganlyniad i'r digwyddiad hwn, ac y mae'n nodweddiadol ohoni ei bod yn marw a gwên dangnefeddus ar ei hwyneb.

JANE OWEN

Gwraig Robert Owen, Dolserau, arweinydd y Crynwyr. Darlun o Grynwraig. Mae'n bwysig yn y nofel am ei bod yn rhoi gwahoddiad i Rowland Ellis ddod i gyfarfod y Crynwyr. Mae ymateb ei brawd Hywel Vaughan yn dangos y casineb a deimlai pobl tuag at y Crynwyr. Yn y carchar mae'n barod i ddioddef er mwyn ei chred, a chawn glywed bod ei chroen fel memrwn tenau ond ei serenedd fel lamp yn dal i oleuo'r tywyllwch.

HYWEL VAUGHAN

Gŵr pwysig a dylanwadol. Sgweier yr Hengwrt ac Uchel Siryf yr ardal. Cawn ein cyflwyno iddo yn y bennod gyntaf pan yw'n sefyll gyda Rowland Ellis a dyn arall ar gyrion y dorf yn y ffair. Sylwn ar ei agwedd drahaus at y werin bobl.

Ym mharti'r Plygain yn yr Hengwrt ymddengys Hywel Vaughan mewn gwisg ysgarlad a ryfflau gwynion am ei arddyrnau, gwasgod glaerwen a botymau o aur, a berwig grychiog ddu yn ôl ffasiwn y cyfnod. Yn ystod y nos caiff ei ddal yng nghwmni Meg, gwraig Rowland Ellis. Sylweddola fod ei chwaer Jane yn bresennol, a daw'r casineb a deimla tuag ati am ei bod yn aelod o'r Crynwyr yn amlwg. Ar ôl i Huw Morris adael Bryn-mawr cafodd ei gyflogi gan Hywel Vaughan ym mhlas yr Hengwrt.

79

MALAN

Darlun traddodiadol o'r hen forwyn ffyddlon a oedd wedi gwasanaethu'r teulu ers blynyddoedd. Pan ddaeth Lisa i weini i Fryn-mawr teimlai'n eiddigeddus ac ofnai y byddai'n mynd â'r cyfrifoldeb oddi wrthi. Casglwn fod rhywun wedi ymosod ar y lle ac o ganlyniad mae Malan wedi marw. Teimlai Lisa yn gyfrifol am ei marwolaeth.

JEREMY MELLOR

Un o arweinwyr mudiad y Crynwyr wedi teithio i Ddolgellau o Gaerhirfryn. Pan ddechreuodd bregethu, cafodd anhawster i gyfathrebu am nad oedd y bobl yn deall Saesneg. Ymosodwyd yn ffiaidd arno.

GWALLTER

Töwr o'r Ganllwyd. Roedd ef yn un o'r bobl yn y dorf yn gwrando ar Jeremy Mellor yn pregethu. Iddo ef nid oedd y 'light within' yn golygu dim. Yn ei drol ef y daeth Dorcas yn ôl adref ar ôl cael ei throchi yn y Gadair Goch.

IAITH AC ARDDULL

Beth yw Arddull?

- Ffordd bersonol o ddefnyddio a thrin geiriau a thechnegau yw arddull.
- Nid yr hyn sy'n cael ei ddweud sy'n cyfrif yn gymaint â'r ffordd y mae'n cael ei ddweud.
- Gall awdur ddefnyddio nifer o wahanol dechnegau er mwyn rhoi pwyslais neu greu effaith arbennig.

I. GEIRFA

Yn *Y Stafell Ddirgel* y mae Marion Eames wedi defnyddio geiriau yn gelfydd iawn i wahanol bwrpasau, e.e. i gyflwyno deialog; i greu cymeriad; i ddisgrifio lle arbennig; i ddeffro emosiwn; i greu'r awyrgylch neu'r cywair addas i ddisgrifio digwyddiad neu sefyllfa.

(i) *Creu cymeriad*
Un o ddoniau amlwg yr awdur yn y nofel hon yw'r gallu i lunio cymeriad mewn ychydig eiriau, e.e.

'Roedd cadernid arweinydd yn y llais a'r llygaid miniog.'
(Rowland Ellis)

'Bob tro yr agorai ei geg roedd ei eiriau fel neidr yn barod i daro.'
(Huw Morris)

'Daliai hi'r gannwyll uwch ei phen a thaflai honno ei goleuni ar y trwyn syth, main, y talcen o farmor a'r aeliau fel adenydd gwennol, a'r gwallt du yn hongian yn fantell aur ar ei hysgwyddau.' (Meg)

(ii) *Disgrifiad o le arbennig*
'Agorodd y drws led y pen, a llanwyd ffroenau Ellis ag arogl llaith, oer. Dilynodd y ceidwad ar hyd y fynedfa gul am ryw hanner

canllath at hen res o risiau cerrig yn disgyn i groth yr adeilad. Ar waelod y grisiau yr oedd drws a barrau heyrn drosto.' (Y Carchar)

'Croesawyd y ddau gan oleuadau llachar y siandeliriau yn neuadd yr Hengwrt. Agorwyd y drws mawr allanol iddynt gan was mewn lifrai ysblennydd. Ar waelod y grisiau derw llydan safai Hywel Vaughan a'i wraig Lowri. Daliai Meg ei hanadl mewn rhyfeddod at yr olygfa.'

(Plas yr Hengwrt)

(iii) *Deffro emosiwn*
'Codwyd hi fry gan y llanciau. Daliwyd hi, y bwndel byw o garpiau, rhwng nefoedd a daear. Yna fe'i taflwyd i ganol y pwll fel llygoden aflan, heb i neb ymdrafferthu i'w rhoi hi yn y Gadair Goch.'

(Boddi Betsan Prys)

(iv) *Creu awyrgylch*
'Torrodd y cwmwl du a fu'n hofran uwch ei ben ers misoedd, gan arllwys cawod dyner o hapusrwydd drosto. Yn araf bach fe'i clywodd ei hun yn ymdoddi i'r Cyfeillion eraill yn y distawrwydd.'

(v) *Defnydd o fyd natur fel cefndir i'r digwyddiadau*
'Daeth yr eira yn ystod ail wythnos Ionawr. Bu'r gwynt rhewllyd yn chwipio i lawr o'r mynyddoedd, a dywedai pawb wrth ei gilydd ei bod hi'n rhy oer i fwrw eira.'

'Roedd pob sedd yn Eglwys Sant Mair yn llawn, er bod yr haul yn cusanu'r caeau ŷd a ddaethai i'w llawn dwf y flwyddyn hon.'

(vi) *Deialog*
(Fel rheol defnydd o frawddegau byrion) e.e.
　'Fyddi di'n hoff o lyfrau, Ellis Puw?'
　'Byddaf, syr.'
　'Ond fedri di ddim darllen.'
　'Ddim . . . ddim eto, syr.'
　'Oes gen ti lyfrau?'
　'O, oes . . . un neu ddau.'
　'Wyddost ti beth ydyn nhw?'

'O, gwn. Llyfra Morgan Llwyd . . . Y Beibl Bach. A Llyfr y Resolusion.'

(Rowland/Ellis Puw)

(vii) *Defnydd o dafodiaith*
(Yn help i leoli'r digwyddiadau ac i roi hygrededd i'r cymeriadau, yn enwedig y werin bobl) e.e.
'Ceisia ddeall, y fech . . . Dwyt ti ddim yn gialad mewn gwirionedd, weth faint wyt ti'n treio bod.'   (Rowland/Meg)

'. . . 'dach chi'n gwybod affeth o ddim am ferched.'

(Huw Morris/Rowland)

II. DEFNYDD O WAHANOL DECHNEGAU

(i) *Cymariaethau*
(Defnyddir cymariaethau er mwyn tanlinellu, pwysleisio neu dynnu sylw at ryw elfen arbennig) e.e.
Roedd y geiriau fel pen neidr yn dartio. (Meg)
Roedd edrych arni yn awr fel edrych ar rosyn yn y gwrych.

(ii) *Trosiadau*
(Yr un diben sydd i'r trosiadau â'r cymariaethau) e.e.
grisiau carreg yn disgyn i groth yr adeilad.

(iii) *Cyfosod dwy sefyllfa*
e.e. Pan yw Huw Morris yn dal Lisa, a hithau ar fin rhoi sgrech, daw sgrech o enau Meg o'r stafell arall.

(iv) *Gwrthgyferbynnu*
(a) Agwedd Rowland Ellis at y Crynwyr/agwedd Huw Morris tuag atynt.
(b) Gwrthgyferbyniad rhwng y darnau dramatig yn y nofel a'r darnau hamddenol, tawelach.
(Fel rheol defnyddir brawddegau byrion i gyfleu'r tensiwn a'r gwrthdaro, a brawddegau hirion i gyfleu'r awyrgylch dawelach.)

83

Tuag at Bapur T.G.A.U.

Cwestiwn cyffredinol ar y nofel yn seiliedig ar
– y cymeriadau
– y plot
– y themâu
– arwyddocâd y teitl
– golygfeydd arbennig

neu

Cwestiwn cyd-destun ar ran benodol o'r nofel:

• Cwestiwn yn gofyn i chi egluro cefndir y darn a'r digwyddiadau sydd wedi arwain ato.

• Ysgrifennu portread cryno o gymeriad sy'n ei amlygu ei hun yn y darn.

• Chwilio am bedair nodwedd arddull sy'n amlwg yn y darn gan egluro eu pwrpas a'u heffaith (gweler canllawiau ar y dudalen nesaf).

• Egluro sut y mae'r hyn sy'n digwydd yn y darn yn effeithio ar ran nesaf y nofel neu ar weddill y digwyddiadau.

• Ysgrifennu ymson/dyddiadur/llythyr neu lunio sgwrs yn rôl un neu fwy o'r cymeriadau yn seiliedig ar y digwyddiadau yn y darn.

CANLLAWIAU

		PA EFFAITH?		SYLWADAU YCHWANEGOL
SUT AWYRGYLCH?	– Ydy'r awyrgylch yn llawn tensiwn a thyndra? – Ydych chi'n ymwybodol o wrthdaro? – Ydy'r awyrgylch yn ysgafn ac yn llawn hiwmor? – Ydy'r awyrgylch yn ymlaciedig? – Ydy'r awyrgylch yn arallfydol neu'n sinistr?	PA EFFAITH?	– Beth yw bwriad yr awdur? – difyrru, esbonio, disgrifio, rhannu profiad, creu darlun o gyfnod arall, creu dirgelwch.	SYLWADAU YCHWANEGOL
SUT DDEIALOG?	– Pwy sy'n cynnal y sgwrs? – Ydy'r sgwrs yn perthyn i dafodiaith arbennig? – Ydy'r sgwrs yn ffurfiol/anffurfiol? – Ydy'r sgwrs yn ystwyth/fywiog/naturiol? – Ydy'r tempo yn gyflym? Ydy'r siaradwyr yn torri ar draws ei gilydd? – Ydy'r sgwrs yn adlewyrchu cymeriad y siaradwyr?	PA EFFAITH?	– Ydy'r sgwrs yn help i leoli'r darn (e.e. Gogledd/De)? – Fedrwn ni ddychmygu'r bobl yn siarad? – Ydy'r ddeialog yn ein helpu i ddeall y cymeriadau yn well?	SYLWADAU YCHWANEGOL
SŴN GEIRIAU	– A oes geiriau yn cael eu hailadrodd i bwrpas arbennig? – A oes defnydd o gyflythreniad? – A yw'r disgrifiadau yn synhwyrus? – Ydyn nhw'n apelio at y synnwyr clywed yn arbennig?	PA EFFAITH?	– Ydy'r arddull yn synhwyrus? – Ydy'r darn yn apelio yn arbennig at ein synnwyr clywed?	SYLWADAU YCHWANEGOL
CYMARIAETHAU/ TROSIADAU	– Pa elfennau sy'n cael eu pwysleisio/tanlinellu? – Beth yw pwrpas y defnydd o'r cymariaethau/trosiadau? – Ydy'r sylw yn cael ei hoelio ar rywbeth arbennig? – Ydy'r cymariaethau/trosiadau yn cryfhau'r effaith mewn rhyw ffordd?	PA EFFAITH?	– Ydy'r cymariaethau a'r trosiadau yn creu darluniau byw yn ein meddyliau ac yn ychwanegu at effeithiolrwydd y darn?	SYLWADAU YCHWANEGOL
TECHNEGAU ERAILL	– A oes defnydd amlwg o dechnegau eraill? – Pa dechnegau oedd yn fwyaf effeithiol yn eich barn chi?	PA EFFAITH?	– Ydy'r holl dechnegau gyda'i gilydd yn creu'r effaith a fwriadodd yr awdur wrth ysgrifennu'r darn?	SYLWADAU YCHWANEGOL

SGERBWD ATEB

Paragraff 1 (Cyflwyniad)	• Y mae'r awyrgylch yn y darn hwn yn
	  – llawn cyffro
	  – llawn tyndra a gwrthdaro
	  – iasol ac oerllyd
	  – rhamantus
	  – ysgafn a chellweirus
	  – sinistr
	  oherwydd mai bwriad yr awdur yw creu sefyllfa _____

Paragraff 2 (Deialog)	• Nodwedd amlycaf y darn yw'r defnydd o ddeialog rhwng _____ a _____ sy'n perthyn i dafodiaith y _____ ac sy'n gymorth i leoli'r sgwrs, e.e. _____ • Y mae'r ddeialog yn anffurfiol, yn ystwyth a naturiol ac yn adlewyrchu cymeriadau'r siaradwyr. Y mae'r sgwrs yn fywiog a'r tempo yn gyflym, e.e. _____ • Nodwedd amlwg sy'n perthyn i'r ddeialog yw'r defnydd o regfeydd/fratiaith/iaith Saesneg, e.e. _____
Paragraff 3 (Sŵn geiriau)	• Gwelir defnydd amlwg o gyflythreniad/ailadrodd yn y darn, e.e. _____ • Apelia'r darn at y synnwyr clywed oherwydd y defnydd arbennig o eiriau/ddisgrifiadau, e.e. _____
Paragraff 4 (Cymariaethau/ Trosiadau)	• Yn y darn ceir defnydd helaeth o gymariaethau sy'n tanlinellu gwahanol elfennau, e.e. _____ yn pwysleisio _____ • Ceir ambell drosiad pwrpasol sy'n dal ein sylw, megis yr enghraifft hon _____
Technegau eraill	• Gwelir nifer o dechnegau eraill megis _____
Paragraff 5 (Diweddglo)	• Wrth sylwi'n fanwl ar y darn gwelir bod y gwahanol dechnegau yn hyrwyddo bwriad yr awdur o greu awyrgylch neu • Mae'n amlwg fod yr awdur wedi llwyddo i greu awyrgylch yn llawn _____ drwy'r defnydd o'r gwahanol dechnegau a ddisgrifiwyd.

CWESTIYNAU ARHOLIAD

Rhan Un
Penodau I-III

'Dyma lyfrgell 'y nhad,' ebe Jane Owen gan anwesu pob cornel o'r stafell â'i llygaid. 'Fûm i ddim yma ers chwe blynedd—oddi ar ei farw. Rwyt ti'n rhy ifanc i'w gofio, on'd wyt?'

'Mi rydw i'n ei gofio,' atebodd Rowland. 'Rown i'n un ar bymtheg adeg ei gladdu.'

Cofiai'r hynafiaethydd enwog yn dda, ac fel y byddai bechgyn y dref yn rhedeg ar ei ôl i'w blagio am ei fod mor anghofus. Byddai golwg bell yn ei lygaid bob amser. Yn wir, arferai Rowland deimlo nad oedd Robert Vaughan yn byw yn y ganrif hon o gwbl, gyda'i holl helbulon a helyntion. Gydag Aneirin a Thaliesin a'r Tywysogion y trigai'r hen lyfrbryf.

Gwelodd Rowland yn sydyn fod yr un olwg bell yn llygaid ei ferch. Barnai ei bod rhwng yr hanner cant a'r trigain. Clymwyd ei gwallt brith mewn plethen ar ei chorun, a doedd dim arwydd o'r cyrliau a'r *fringes* a nodweddai wragedd eraill o'i stad. Ond yr hyn a drawodd Rowland yn anad dim oedd tangnefedd ei gwedd. Rhaid bod Jane Owen wedi dioddef gofid mawr—ei gŵr yn y carchar a hithau wedi ei hesgymuno gan ei theulu. Dylai hyn fod yn dangos ar ei hwyneb, ebe Rowland wrtho'i hun. Gwir fod creithiau dwfn uwchben ei haeliau, a bod ei gwddf yn grebachlyd. Ond roedd chwerwder a siom yn gwbl absennol. Megis roedd wyneb y tad yn arallfydol, felly roedd wyneb y ferch. Perthyn i fyd arall ymhell yn ôl mewn hanes yr oedd Robert Vaughan. Perthyn i fyd arall yn yr ysbryd oedd Jane Owen.

'Clywais gryn sôn amdanat gan Ellis Puw.'

'Felly. Ydych chi'n nabod Ellis?'

Gwenodd hithau.

'Da iawn y dysgaist iddo ddarllen. Mae Ellis wedi hen ddihysbyddu hynny o lyfrau Cymraeg sy gen i yn Nolserau.'

Roedd hyn yn newydd i Rowland.

'Gynnoch chi, felly . . . ? Wyddwn i ddim pwy oedd yn rhoi benthyg llyfrau iddo fo.'

'Na. Mae Ellis yn credu yn yr hen air—"Doeth pob tawgar." Ofni roedd o y byddet ti'n ddig wrtho fo.'

Agorodd Rowland ei lygaid yn llydan.

'Yn ddig? Fi? Pam hynny tybed?'

'Oni wyddost ein bod ni'n deulu peryglus? Ofni roedd Ellis y byddai ei fistar yn ei wahardd rhag dod i Ddolserau mwyach.'

'Ond mae hynny'n—'

'Yn afresymol? Ydy, ond fe ddigwyddodd o'r blaen i eraill. Ac mae gan Ellis gymaint o barch at Rowland Ellis fel mai loes calon iddo fyddai gorfod gadael ei wasanaeth.'

Edrychodd Rowland arni â llygaid miniog.

'Os oes cymaint o berygl i Rowland Ellis ymddwyn felly tuag at ei was, pam mae Jane Owen yn bradychu ei gyfrinach?'

Roedd ennyd o ddistawrwydd.

'Am fod Jane Owen yn synhwyro fod Rowland Ellis eisoes wedi profi drosto'i hun nerth y goleuni oddi mewn,' oedd yr ateb tawel.

Clywodd Rowland ei geiriau yn mynd trwyddo fel saeth. Codai pob cynneddf ynddo i wrthryfela yn erbyn yr hyn a glywsai. Trefnasai ei fyd yn ddestlus. Bryn-mawr, safle cymdeithasol fel mân sgweiar yn ymhyfrydu yn ei achau nobl, llyfrau, a'r hyn a ddysgasai yn ei ysgol yn Amwythig i ddifyrru ei oriau hamdden, parch ei gymdogion—a Meg. Go brin y cyfaddefai wrtho'i hun mai patrwm a wewyd gan ei briod oedd y byd hwn. Roedd Meg yn trin ei ddymuniadau a'i ddyheadau fel clai yn llaw'r crochenydd. Gwyddai i sicrwydd pe gwyrai gam oddi wrth y patrwm hwn y collid Meg iddo am byth. Ar ben ei bryder presennol yn ei chylch, roedd yr awgrym yng ngeiriau Jane Owen yn fwy nag y gallai ei ddioddef.

'Wn i ddim sut yr honnwch eich bod yn darllen fy meddwl mor dda,' ebe ef a'i lais yn oer. Ac ar yr un pryd roedd ganddo gywilydd o fod mor blentynnaidd. Ond nid oedd am gyfaddef hynny wrth y wraig ryfedd hon a safai o'i flaen mor dawel ac mor sicr ohoni ei hun. Ceisiodd feddwl am esgus i droi'r sgwrs neu i ymadael â'r stafell yn foesgar, ond achubodd hi'r blaen arno.

'Bydd y Cyfeillion yn cyfarfod yn Nolserau ar nos Galan. Mi fyddai pob un ohonon ni'n falch o'th weld gyda ni.'

Ni chafodd Rowland gyfle i ateb. Agorwyd y drws yn drwsgl gan rywun o'r ochr arall, a chyda chwerthin mawr—chwerthiniad dwfn dyn penderfynol a chwerthiniad ysgafn gwraig yn hanner protestio.

'Ym . . . dim ond am eiliad . . .'

Roedd lleferydd Hywel Vaughan wedi tewhau, ond roedd y brys— a'r blys—yn ei lais yn ddigon huawdl. Tynnodd Meg ar ei ôl i mewn i'r llyfrgell, a suddodd calon Rowland yn is fyth o weld ei bod hithau wedi cael mwy na digon i yfed. Roedd ei llygaid yn ddieithr, a'i gwefusau'n llac. Syrthiasai'r ffrog felfed las i lawr oddi ar un ysgwydd, ac ni wnaeth hithau ddim i'w chodi yn ei hôl.

Syrthiodd distawrwydd rhewllyd fel cyllell ar draws y stafell pan sylweddolodd y ddau yn araf bach nad oeddynt ar eu pennau'u hunain. Safodd Rowland fel dyn wedi ei droi'n golofn o halen. Dechreuodd Meg chwerthin yn nerfus. Ceisiodd Hywel ar unwaith guddio'r sefyllfa drwy weiddi mewn llais annaturiol o uchel:

'Wel, Rowland, yr hen gena yn cuddio fan'ma . . .'

Stopiodd yn stond, a diflannodd y grechwen o'i wyneb. Sylweddolodd am y tro cyntaf fod ei chwaer yno hefyd. Er ei ofid synhwyrodd Rowland fod elfen newydd wedi llenwi'r stafell— casineb iasoer. Am funud anghofiodd ei genfigen a'i anghysur ei hun. Roedd y teimlad a basiodd o'r brawd i'r chwaer yn rhywbeth y gellid gafael ynddo bron.

'A beth wyt ti'n ei wneud yma?'

Dyma Hywel Vaughan newydd i Rowland Ellis—ac i Meg hefyd. Dim sôn yn awr am hyder diofal y dyn ffasiynol. Dim arwydd yn y llais cras o'r cwrteisi a'r steil bonheddig a swynodd ac a ddrysodd Meg. Yr un fath â Rowland, parlyswyd hi gan y geiriau noeth, mileinig a'r edrychiad enbyd.

Prin y gallai Rowland godi ei lygaid i edrych ar Jane Owen. Pan lwyddodd i wneud hynny, fe'i synnwyd gan mor dawel a llonydd oedd ei hwyneb. Ni ddywedodd air, eithr parhaodd i edrych ar ei brawd a'i llygaid yn llawn tosturi.

'Ateb fi, y gnawes hurt. Be wnei di yma? Fe wyddost yn iawn fod drws yr Hengwrt wedi ei gloi iti.'

'Nid ar fy rhan fy hun y dois i yma heno, Hywel. Cais sy gen i iti—ar nos Nadolig.'

Dechreuodd Hywel ddannod ei haerllugrwydd yn meiddio gwneud cais iddo, ond torrodd hithau ar ei draws.

'Os ydy'r Nadolig yn golygu rhywbeth iti, Hywel—os ydy geni Tywysog Tangnefedd yn golygu rhywbeth iti, rhaid iti wrando arna'i heno. Ddo'i ddim yma eto, rwy'n addo iti. Ond os oes rhyw drugaredd ynot ti heno, rwy'n ei erfyn o ar ran Ifan Robarts, yr hwsmon acw.'

Edrychai Hywel fel pe bai'n mynd i dagu.

'Hwsmon, myn uffern i! Mi gedwais i dy ŵr o'r carchar lle y dylai fod, er mwyn enw da'r Fychaniaid. A rŵan rwyt ti'n disgwyl imi wneud yr un peth i'w was.'

'Does a wnelo safle dyn ddim â hyn. Fe wyddost yn iawn fod y Ddeddf Oddefiad wedi ei phasio. Pam felly mae Ifan Robarts yn dal yn y carchar? Wnaeth o ddim drwg erioed. Ac mae o'n marw, Hywel. Wyt ti'n clywed? Mae'r hawl gen ti i'w ollwng o'n rhydd— mae'n ddyletswydd arnat. Bydd rhaid iti ei ryddhau'n hwyr neu'n hwyrach. Ond mae brys, Hywel. Mae ar Ifan angen gofal ei wraig. Gad iddo fynd ati, er mwyn trugaredd.'

Unig ateb Hywel Vaughan oedd agor y drws a'i ddal yn agored yn awgrymiadol, i'w chwaer fynd drwyddo.

'Hywel . . . mae ganddo naw o blant bach—'

'Waeth gen i os oes ganddo gant. Fi yw'r unig un i farnu ydy dyn yn haeddu cael ei ryddhau o'r carchar neu beidio, a does arna'i ddim angen cyngor gan dorwyr cyfraith gwlad fel ti a'th ŵr. Oeddet ti'n meddwl mewn gwirionedd y baswn i'n gwrando arnat ti o bawb?'

'Nag oeddwn,' atebodd Jane Owen a thristwch anobaith yn ei llais.

'Rwy'n aros iti fynd. Mae gen i wahoddedigion yma heno.'

Tasgau Penodol

- Eglurwch pam y daeth Jane Owen i'r Hengwrt a sut y ceisiodd hi ddylanwadu ar Rowland Ellis.

- Beth yw eich barn chi am gymeriad Hywel Vaughan ar ôl darllen y darn dan sylw?

- Ysgrifennwch gofnod yn nyddiadur Rowland Ellis ar ôl parti'r Hengwrt.

- Ysgrifennwch gofnod yn nyddiadur Meg gan ddisgrifio'r un digwyddiad o'i safbwynt hi.

- Chwiliwch am bedair nodwedd arddull effeithiol yn y darn dan sylw – pethau megis ansoddeiriau, deialog, trosiadau, cymariaethau, sŵn geiriau, idiomau ac ati.

(Defnyddiwch y siart ar y dudalen nesaf i'ch helpu.)

		PWRPAS	
SUT AWYRGYLCH?	(i) Awyrgylch hamddenol, gyfeillgar i ddechrau. (ii) Awyrgylch drydanol, yn llawn dicter, tensiwn a gwrthdaro yn yr ail hanner.	PWRPAS	(i) Dangos fod Rowland yn awyddus i glosio at y Crynwyr, ond yn amharod i ddangos hynny. Ymwybodol o wrthdaro mewnol ym meddwl Rowland Ellis. (ii) Dangos casineb Hywel at ei chwaer.
DEIALOG/ TAFODIAITH	(i) Sgwrs weddol ffurfiol rhwng Jane a Rowland er bod defnydd o'r 'ti' yn adlewyrchu arfer y Crynwyr. (ii) Llais tawel Jane Owen yn cyfleu cadernid. (iii) 'Yr hen gena' – tafodiaith yr ardal. (iv) Llais Meg yn awgrymog. Llais Hywel Vaughan yn llawn casineb.	PWRPAS	(i) Cyfleu natur hunanfeddiannol y Crynwyr. (ii) Cyfeiriad at nerth y goleuni oddi mewn (prif gred y Crynwyr). (iv) Agwedd Hywel Vaughan yn cyfleu teimlad cyffredinol at y Crynwyr.
CYMARIAETHAU	(i) fel saeth/fel cyllell (ii) fel dyn wedi'i droi yn golofn o halen. (iii) fel clai yn llaw'r crochenydd.	PWRPAS	(ii) Cyfleu'r sioc a gafodd Hywel Vaughan o weld y ddau arall. (iii) Dangos faint o ddylanwad gafodd Meg ar ei gŵr.
TROSIADAU	(i) Yr hen gena. (ii) Y gnawes hurt.	PWRPAS	(i) a (ii) Er bod 'cena' a 'cnawes' yn debyg, mae naws y geiriau yn hollol wahanol.
GWRTHGYFERBYNIAD	(i) Gwrthgyferbynnu rhwng Cariad/Tangnefedd v Casineb/Gwrthdaro. (ii) Gwrthdaro Mewnol v Gwrthdaro Allanol. (iii) Cymeriad y ddwy ferch (Meg a Jane Owen).	PWRPAS	(i) Golygfa ddramatig yn llawn tensiwn a gwrthdaro rhwng Hywel a'i chwaer. (ii) Yn ymwybodol o wewyr meddwl Rowland wrth wrando ar Jane Owen. (iii) Gwrthgyferbynnu yn pwysleisio cymeriad y ddwy ferch.
ANSODDEIRIAU	(i) geiriau *noeth, mileinig.*	PWRPAS	(i) Cyfleu casineb Hywel Vaughan at ei chwaer.
SŴN GEIRIAU	(i) Pwyslais ar dawelwch a thangnefedd, e.e. ateb tawel; Tywysog Tangnefedd; ennyd o ddistawrwydd; tangnefedd ei gwedd. (ii) Cyflythreniad, e.e. stopiodd yn stond/y brys a'r blys.	PWRPAS	(i) Ein gwneud yn ymwybodol o ffydd y Crynwyr, eu natur hunanfeddiannol, eu gallu i ddioddef dros yr achos.
NODWEDDION Y CYFNOD	(i) cyrliau, *fringes.* (ii) plethen ar gorun ei phen.	PWRPAS	(i) a (ii) Creu darlun o ffasiwn y cyfnod a phwysleisio'r gwahaniaeth rhwng gwisg ac ymddangosiad y Crynwyr a rhai y bobl eraill.

RHAN UN
Penodau IV-VII

'Fuost ti ymhell?'

'Naddo. Dim ond yn y Brithdir.'

'Yn y Brithdir!' Roedd ei chwerthiniad yn uchel ac yn fain. 'Pam yn y byd roedd yn rhaid iti fynd yno heno?'

Gwyddai Rowland Ellis y byddai, wrth ateb, yn agor fflodiart o holi, edliw, dadlau ac ymbil. Ond heno, os nad oedd o'n croesawu hyn yn union, teimlai fod yr amser wedi dod i'w wynebu. Roedd yr amser i osgoi mynegi ei deimladau ar ben. Er ei fod o'n dal i ymbalfalu, fe wyddai o'r diwedd ei fod o'n ymbalfalu yn y cyfeiriad iawn, a waeth iddo heb â chelu'r peth oddi wrth Meg bellach.

'Mi es yno i weld Sinai Roberts.'

'Gwraig y Cwacer!'

Rhoes Meg gymaint o waradwydd yn ei llais ag oedd yn bosibl iddi. Nid oedd yr wybodaeth yn syndod iddi, ond roedd hi'n casáu'r wybodaeth â'i holl natur. Dechreuodd grynu o'i chorun i'w thraed. Canmil gwell fyddai clywed gan ei gŵr iddo ymweld â phutain. Byddai hynny'n naturiol i ddyn; roedd amryw o sgweierod yr ardal yn gwneud hyn o dro i dro, a phawb, yn cynnwys eu gwragedd, yn barod i gau llygad ar y peth. Ond gwyddai Meg am Sinai Roberts, ac er cymaint ei hawydd, ni allai gredu mai cymhellion cnawdol a yrrodd ei gŵr i'w gweld.

'Mae'r "Cwacer", fel y gelwch o, wedi marw, Meg.'

'Gorau'n byd, medda fi. Fedra'i ddim dioddef eithafwyr o unrhyw fath. Lloercan oedd Ifan Robarts erioed, ac mi rydw i'n synnu atat ti'n ymhél â'r fath boblach.'

Hyd yn oed yn ei thymer roedd Meg yn brydferth. Gwyddai Rowland ei fod o'n dal i garu ei wraig, ond roedd edrych arni yn awr fel edrych ar rosyn yn y gwrych. Gallai edmygu ei harddwch o bell heb chwennych ei feddiannu.

'Mae'n ddrwg calon gen i dy fod ti'n teimlo fel hyn,' ebe ef yn isel. 'Mi wn mai ofn sy'n dy yrru felly. Mae ofn arna' inna hefyd, wsti.' Fe'i cywirodd ei hun. 'Neu mi fu.' Cododd a daeth at ei wraig gan afael yn ei dwylo. 'Ceisia ddeall, y fech,' meddai gan lithro i dafodiaith y fro fel y gwnâi bob amser wrth siarad geiriau anwes. 'Dwyt ti ddim yn gialad mewn gwirionedd, weth faint wyt ti'n treio bod.'

Ond tynnodd Meg ei dwylo'n ôl fel pe baen nhw wedi llosgi. Cododd nhw a chuddio ei chlustiau fel plentyn.

'Dydw i ddim am glywed rhagor. Beth bynnag amdanat ti, dydy'n enw i ddim yn mynd i gael 'i lusgo yn y baw a phob dihiryn yn y dre yn gwneud sbort am fy mhen. Dydy o ddim o bwys gen ti falla, ond fedra'i ddim diodde cael fy esgymuno. Ac am ddim byd rydw i wedi'i wneud fy hun. Dim ond am fod rhyw syniadau gwirion yn dy ben di.'

Sawl gwaith yn y gorffennol y crefodd Rowland yn ei galon am lonyddwch ar adegau fel hyn? Sawl gwaith y daethai geiriau cymod i'w fin er mwyn dodi'r berthynas rhyngddynt ar echel wastad unwaith eto, hyd yn oed pe bai gofyn iddo ei ddarostwng ei hun wrth wneud? Ond heno nid oedd hyn mor bwysig â chlirio'r awyr rhyngddynt. Cawsai ddigon ar fod yn anonest ag ef ei hun ac â hithau, hyd yn oed os oedd gonestrwydd yn mynd i frifo'r tro hwn. Roedd ei eiriau'n isel ond yn bendant, ac yn araf fel petai'n ceisio egluro rhywbeth wrth blentyn.

'Fe fûm i yn y Brithdir yn edrych am Sinai Roberts. Mae ganddi naw o blant i ofalu amdanyn nhw, ac un yn sâl hyd at farw. Mae angen help arnyn nhw. Mi rydw i wedi gofyn iddi anfon un o'r merched yma i weini. Mae hi'n dŵad fory.'

Gwrandawodd ar ei lais ei hun fel pe bai'n gwrando ar rywun arall yn siarad. Cafodd deimlad rhyfedd fod hyn i gyd wedi digwydd o'r blaen—fynta'n sefyll ac yn dweud wrth Meg fod merch Sinai Roberts i ddod atynt, hithau'n ei wynebu a'i hwyneb fel y galchen, a'i chorff mor syth â'r fedwen. Pan glywodd ei llais mor finiog â chleddyf, roedd y geiriau'n gyfarwydd, geiriau y disgwyliai eu clywed oherwydd ei fod wedi clywed yr union eiriau rywbryd o'r blaen.

'A dyma'r dyn a daerodd ei fod o'n fy ngharu i.' Fel fflam cydiodd Meg yn un o'r gwydrau coch ar y dresel a chyn y medrai ei rhwystro, fe'i taflodd yn deilchion ar lawr. 'Hynyna am dy gariad di! Os nad ydy 'nymuniadau i yn cyfri am fwy na rhoi mwytha i ryw hoeden hanner-pan, croeso iddi hi dy wely di. Ond paid â disgwyl i mi aros yma hefyd.'

94

'Meg—'

Ceisiodd Rowland gydio ynddi, ond roedd ei wraig wedi colli arni'i hun yn llwyr. Â holl nerth ei braich fe'i trawodd ar draws ei wyneb. Am eiliad edrychodd y ddau ar ei gilydd, Meg gyda dychryn am iddi wneud rhywbeth na wnaethai erioed o'r blaen, Rowland gyda thristwch am orffennol na ddeuai byth yn ôl.

Tasgau Penodol

- Eglurwch beth oedd wedi arwain at benderfyniad Rowland Ellis i ofyn i Lisa ddod i weini i Fryn-mawr.

- Ydych chi'n cydymdeimlo â Meg yn yr olygfa hon ar ôl clywed ei safbwynt hi? Rhowch resymau.

- Dangoswch sut y mae'r olygfa hon yn garreg filltir bwysig yn nhaith ysbrydol Rowland Ellis at y Crynwyr.

- Lluniwch ymson Meg neu Rowland ar ôl iddi/iddo gyrraedd yr ystafell wely ar ôl yr olygfa hon.

- Chwiliwch am bedair nodwedd arddull yn y darn dan sylw.

SUT AWYRGYLCH?	Golygfa ddramatig. Bwriad yr awdur yw ceisio cyflwyno golygfa yn llawn tensiwn a gwrthdaro.	PWRPAS	Un o uchafbwyntiau'r nofel pan yw Rowland yn cyfaddef ei gysylltiad â'r Crynwyr wrth ei wraig.
DEIALOG/ TAFODIAITH	'Ceisia ddeall, y fech.' 'Dwyt ti ddim yn gialad mewn gwirionedd, weth faint wyt ti'n treio bod.' 'Wst ti . . .'	PWRPAS	Defnydd o dafodiaith ardal Dolgellau yn gymorth i leoli'r digwyddiad. Un rhoi naturioldeb a hygrededd i'r sgwrs, ac yn gyferbyniad i'r tensiwn sy'n datblygu rhyngddynt yn nes ymlaen yn yr olygfa.
SŴN GEIRIAU	Gwraig y Cwacer; y fath boblach.	PWRPAS	Defnydd o'r term 'Cwacer' yn dangos y casineb a'r dirmyg a deimlai Meg tuag at y Crynwyr. 'Y fath boblach' yn cryfhau'r effaith.
CYMARIAETHAU	(i) fel edrych ar rosyn yn y gwrych. (ii) 'a'i hwyneb fel y galchen, a'i chorff mor syth â'r fedwen.' (iii) fel fflam . . . (iv) ei llais mor finiog â chleddyf.	PWRPAS	(i) Pwysleisio bod Rowland yn dal i werthfawrogi prydferthwch ei wraig ond yn gallu ei datgysylltu ei hun oddi wrthi. (ii) Pwysleisio adwaith Meg i'r newydd bod merch Sinai Robarts yn dod i Fryn-mawr – mewn cyflwr o sioc. (iii) Dan deimlad, yn cydio yn y gwydr coch.
ANSODDEIRIAU/ IDIOMAU	'hoeden hanner-pan' 'o'i chorun i'w thraed'	PWRPAS	Tynnu sylw at y dirmyg a deimlai Meg tuag at deulu Sinai Robarts. Defnyddio term dilornus.
AILADRODD	Sawl gwaith . . . ymbalfalu . . .	PWRPAS	Ailadrodd y geiriau hyn yn cyfleu gwewyr meddwl Rowland wrth wneud penderfyniad i ymuno â'r Crynwyr ac i gyfaddef hynny wrth ei wraig.
UCHAFBWYNT	Yr olygfa yn dechrau gyda chwestiwn syml cyn i Rowland ddadlennu'r ffaith ei fod wedi ymweld â chartref Sinai. Mae'r tensiwn yn cynyddu nes cyrraedd uchafbwynt pan yw Meg yn ei daro, rhywbeth na wnaethai erioed o'r blaen. Wrth wynebu ei gilydd, mae'r ddau'n ymwybodol o gyrraedd trobwynt yn eu perthynas.	PWRPAS	Pwysleisio carreg filltir bwysig yn nhaith ysbrydol Rowland Ellis at y Crynwyr.

Yr Ail Ran
Penodau I-III

Y bore trannoeth galwodd Rowland Ellis ar Huw Morris i ddyfod ato i'r tŷ. Roedd eisoes wedi siarsio Lisa i aros yn ei llofft am y bore, fel ei bod hi allan o glyw ac o gyrraedd.

Er ei fod yn ei ddrwgleicio, doedd o 'rioed wedi ffraeo â Huw Morris, a chas oedd ganddo feddwl am dangnefedd Bryn-mawr yn cael ei rwygo gan eiriau dichellgar. Oblegid fe wyddai o'r gorau nad yn dawel y cymerai Huw ei geryddu, yn enwedig gan rywun iau nag ef. Dyheai am i'r dasg fod drosodd.

'Ia—mistar?'

Profodd yr eiliad o oedi rhwng y ddau air fod Huw yn gwybod beth i'w ddisgwyl ac yn barod amdano. Daeth Rowland at ei neges yn syth.

'Fe fuost ti efo Lisa neithiwr.'

'Wel?'

'Fe wnest ti gam drygionus â hi.'

Edrychodd Huw Morris arno yn hir. Yna sychodd ei drwyn yn araf â chefn ei law.

'Dydy drygioni ddim yn golygu'r un peth i bawb. Mi gerddas adra o'r ffair efo hi.'

'A gadael iddi ddod i'r tŷ yn y cyflwr yna? Paid â gwamalu, Huw Morris. Pechod dirfawr ydy difwyno merch, yn enwedig un ddiniwed a dibrofiad fel Lisa.'

Daeth y mymryn lleiaf o wên i wefusau Huw, a dywedodd bron yn garedig:

'Rydach chi'n ddyn peniog, mistar, yn darllen llawer, yn meddwl am betha dyfnion. Ond 'dach chi'n gwybod affeth o ddim am ferched—nac am ddynion, chwaith, o ran hynny. Mi ddeuda'i un peth. Roedd Lisa fach yn mwynhau'r profiad gymaint â finna bob mymryn. Y fi oedd y cynta, ie. Ond fe fydd yna rai eraill . . . a rhai eraill. Tamaid i aros pryd ydw i. Mi rydw i'n nabod 'i siort hi'n rhy dda. Rŵan. Ga'i fynd 'nôl at fy ngwaith?'

Heb aros am ateb, roedd o hanner y ffordd allan trwy'r drws.

'Aros lle'r wyt ti!'

Doedd Rowland Ellis erioed wedi cael ei herio fel hyn o'r blaen, a gwyddai fod ei wyneb cyn wynned â'r galchen. Llais rhywun arall oedd yn siarad, llais oer a chaled.

'Mae pethau'n syml iawn i ti, yntydyn nhw, Huw Morris? Rwyt ti'n chwennych merch, ac yn ei chymryd, ac wedyn yn dy gyfiawnhau dy hun drwy ddarganfod yr un cymhellion ynddi hi ag sydd ynot tithau. Rwyt ti'n rhy hen ym myd y diafol i weld fod yna rai pethau sy'n dal yn wyn ac yn bur ac yn ddihalogedig. Neu 'u bod nhw felly nes bydd rhywun fel tithau'n 'u baeddu nhw â bysedd pechod. Pe taset ti wedi dangos y mymryn lleiaf o edifeirwch, Huw Morris, mi faswn i wedi maddau iti, ond o weld dy enaid yng nghrafangau Satan, mae'n rheidrwydd arna' i d'yrru di oddi yma.'

Edrychodd Huw arno fel pe bai Rowland Ellis wedi colli ei synnwyr.

'Fy ngyrru i oddi yma? Ond myn uffern i—am be?'

'Fe glywaist ti be ddeudais i.'

Tro Huw Morris oedd hi'n awr i edrych yn welw. Dechreuodd chwerthin yn ansicr.

'Ond be pe tasa pob mistar yn troi'i was ymaith am orfadd â'r forwyn? Fydda 'na ddim gweision ar ôl yn y wlad. Eunuchiaid. Dyna'r cwbwl. Rhyw hanner dynion—debyg i Ellis Puw a—a—'

Arhosodd ar hanner ei frawddeg, a'r poer yn glafoeri o'i geg. Gwelodd yr olwg ar wyneb Rowland Ellis, ond fe aeth ymlaen yn ei orffwylledd.

'Waeth i chi heb â sefyll yn fan'na yn edrych fel Duw yn Nydd y Farn. 'Dach chi'n deall dim am fywyd. 'Dach chi'n gwybod dim am bobl. 'Dach chi'n gwybod dim be sy'n mynd ymlaen o dan eich trwyn. Wyddoch chi ddim, na wyddoch, fod mistras wedi bod yn dwyn oddi wrthach chi. Ac er mwyn iddi gael digon o arian i'ch gadael. Wyddoch chi ddim 'i bod hi'n—'

'Taw arnat, y cachgi digywilydd!'

Roedd y llais fel taranau. Pwysodd Rowland ei ddyrnau yn dynn wrth ei ochrau, a gyrru ei ewinedd i mewn yn ddidrugaredd i'w ystlysau. Wna i mo'i daro. Rowliodd y geiriau drwy ei ymennydd drosodd a throsodd fel melin ddŵr. Ond fe'i lapiwyd mewn mantell ddu o'r fath gasineb na wyddai ef am ei fodolaeth. Caeodd ei lygaid yn dynn, a gwaeddodd ei enaid yn fud am nerth.

Pan agorodd ei lygaid, roedd Huw Morris wedi mynd.

Tasgau Penodol

- Eglurwch beth oedd wedi arwain at benderfyniad Rowland Ellis i yrru Huw Morris o Fryn-mawr.

- Mae'n amlwg nad oedd Huw Morris yn credu ei fod yn haeddu cael y sac. Beth yw eich barn chi?

- Eglurwch ystyr y sylw a wnaeth Huw Morris yn yr olygfa hon: 'Dydy drygioni ddim yn golygu'r un peth i bawb.'

- Chwiliwch am bedair nodwedd arddull yn y darn dan sylw.

- Ysgrifennwch lythyr oddi wrth Rowland Ellis at ei gyfnither, Marged, yn sôn am ddigwyddiadau'r bore hwn a'r noson cynt.

SUT AWYRGYLCH?	Golygfa ddramatig. Bwriad yr awdur yw ceisio cyflwyno golygfa yn llawn tensiwn a gwrthdaro – rhwng dau gymeriad cryf, rhwng dwy agwedd wahanol iawn at fywyd, rhwng meistr a gwas. Yr awyrgylch yn drydanol.	PWRPAS	Uchafbwynt arall. Golygfeydd fel hyn sy'n rhoi bywyd i'r nofel.
DEIALOG/ TAFODIAITH	'Fe fuost ti efo Lisa neithiwr.' 'Wel?' 'Fe wnest ti gam drygionus â hi.' '. . . dach chi'n gwybod affeth o ddim am ferched . . .' 'nwan', 'efo' Ond myn uffern i – am be?' 'drwgleicio', 'am be?'	PWRPAS	Brawddegau byrion yn cynnal y tyndra. 'Wel!' (ateb Huw yn dangos ei fod yn herio'i feistr). Tafodiaith yn gymorth i roi hygrededd i'r sgwrs ac i leoli'r digwyddiad.
SŴN GEIRIAU	'Taw arnat, y cachgi digywilydd!' Rhegfeydd Huw Morris/iaith gryf Rowland Ellis.	PWRPAS	Ychwanegu at y tyndra.
CYMARIAETHAU	'. . . edrych fel Duw yn Nydd y Farn.' Rowliodd y geiriau . . . fel melin ddŵr. ei wyneb cyn wynned â'r galchen.	PWRPAS	– Cyhuddo Rowland o fod yn hollbwysig. – Huw Morris wedi colli ei dymer. – Dangos ymdrech Rowland i ymatal rhag taro'r gwas.
TROSIADAU	bysedd pechod yng nghrafangau Satan rr antell ddu o gasineb	PWRPAS	Roedd gweithredoedd Huw Morris yn ymddangos yn bechadurus i Rowland, ond yn naturiol ym meddwl y gwas.
ANSODDEIRIAU	llais oer a chaled; cam drygionus; dyn peniog; merch ddiniwed, ddibrofiad; geiriau dichellgar.	PWRPAS	Ansoddeiriau yn pwysleisio trosedd Huw a diniweidrwydd Lisa.
IDIOMAU	Tamaid i aros pryd ydw i.	PWRPAS	Huw yn rhag-weld mai tipyn o fflyrt fyddai Lisa, ac y mae hynny'n dod yn wir.
AILADRODD	''Dach chi'n deall dim . . . 'Dach chi'n gwybod dim . . .' ''Dach chi'n gwybod dim . . . Wyddoch chi ddim . . . Wyddoch chi ddim . . .'	PWRPAS	Dangos bod Rowland Ellis, fel y Crynwyr eraill, allan o gysylltiad â bywyd go iawn.
GWRTHDARO	Gwrthdaro rhwng dwy agwedd at fywyd, dwy set o we'rhoedd, yn cyrraedd uchafbwynt yn yr olygfa hon. Er ei bod yn ymddangos mai Rowland sy'n ennill yr ornest wrth roi sac i'r gwas, Huw sy'n ennill y frwydr seicolegol.	PWRPAS	Deialog bwysig iawn yn dangos gwrthdaro rhwng dwy agwedd wrthgyferbyniol.
DISGRIFIADAU	gwaeddodd ei enaid yn fud . . .	PWRPAS	Dangos ymdrech Rowland i reoli ei deimladau.
UCHAFBWYNT	Huw Morris yn gadael yr ystafell heb golli urddas.	PWRPAS	Dangos fod yr awdur yn cydymdeimlo ag agwedd y gwas i ryw raddau.

100

Yr Ail Ran
Penodau IV-VI

Chwarae'n troi'n chwerw. Rhedodd at y plant. Ond wedi ei bodloni ei hun nad oedd y fechan wedi brifo'n arw, cerddodd yn ei blaen. Ychydig o lathenni oddi wrth y plant roedd yn rhaid iddi groesi'r bont dros afon Aran. Ond wrth iddi roi troed arni safodd rhywun yn ei llwybr fel cwmwl ar yr haul. Aeth rhyw oerni drwyddi wrth iddi adnabod wyneb llwyd, main Shadrach y cwnstabl. Safodd yno heb ddweud dim, ei lygaid yn tanbeidio fel dau gleddyf noeth. Ceisiodd wthio heibio iddo, ond cymerodd yntau gam i'r chwith i'w rhwystro.

Mae'r dyn yn lloerig, sylweddolodd Dorcas yn sydyn. Edrychodd o'i chwmpas am help. Y tu ôl iddi, roedd y plant wedi ailgydio yn eu chwarae ac yn ddall i ddim arall. O'i blaen roedd tair gwraig yn dechrau codi eu lleisiau. Ond ffraeo ymysg ei gilydd yr oedden nhw. Bechgyn yn pysgota'n hamddenol ar lan yr afon, dau henwr yn myfyrio'n fud ar y gorffennol, a doedd yna neb arall i'w weld. Clywodd Shadrach yn dechrau siarad.

'Be wnest ti i'r plant yna, y witsh? Pa haint sydd arnyn nhw rŵan, y?'

Rhwng pob brawddeg glywadwy roedd ei wefusau'n dal i symud . . . 'Roedd hitha'n debyg i chdi . . . pob putain yn debyg i'w gilydd.'

Er ei bod hi'n olau dydd a phobl o gwmpas, roedd mwy o ofn ar Dorcas y tro hwn nag o'r blaen. Prin y gallai glywed ei eiriau gan mor isel oedd ei lais.

'Roedd ganddi'r un gwallt, a'r un geg . . . ac roedd hitha'n hoff o ddangos 'i bronna i'r byd gael gweld . . . Ac roedd y dynion yn dŵad un ar ôl y llall ac yn gadael coron ar y bwrdd, un, dau, tri . . .' Roedd ei lais yn codi, a sŵn dagrau ynddo. 'Nes 'mod i'n gorfod troi yn fy ngwely a chau fy nghlustia rhag sŵn 'u traed. Coron . . . glywaist ti? Coron. A'i choron hitha'n deilchion mân ar lawr fel pys llygod dan draed.'

Trodd i ffwrdd â'i holl nerth i geisio dengid ond roedd ei law am ei garddwrn yn dynn fel crafanc.

'Coron ddeudas i. A'r lembo bach yn gweiddi ar 'i fam a hitha'n rhoi 'i bronna llawn i ddynion, un ar ôl y llall. Chditha hefyd, y witsh!'

Roedd o'n troi ei braich, a dechreuodd Dorcas weiddi am help. Peidiodd y gwragedd ar ganol eu ffraeo. Cododd y bechgyn eu pennau o'r afon a daeth distawrwydd ofn dros y plant. Dim ond y ddau hen ŵr a ddaliodd i syllu ar yr olygfa yn ddidaro. Roedden nhw wedi gweld y cyfan o'r blaen.

Gwaeddodd un o'r gwragedd a theimlodd Dorcas afael Shadrach yn gwanhau am eiliad. Fe'i rhwygodd ei hunan yn rhydd a rhedeg nerth ei thraed i gyfeiriad y dre i geisio ymgolli yn nhorf y farchnad. Clywai sŵn traed ar ei hôl, ond ni throdd ei phen i weld p'run ai Shadrach ynteu rhywun arall oedd yn ei dilyn. Daliodd i redeg nes bod y gwaed yn canu yn ei chlustiau a'i choesau wedi mynd yn ddideimlad. Fe'i cafodd ei hun y tu allan i iard y Llew Aur a'r ceffylau a'r wagenni yn gyrru ymlaen heibio iddi. Roedd hi'n dechrau meddwl fod ei pherygl drosodd pan welodd ef yn dod heibio'r gornel o hen senedd-dy Owain Glyndŵr a thyrfa o bobl ar ei ôl yn gweiddi ac yn chwifio ffyn.

'I'r Gadair Goch â hi!'

'I'r afon â'r witsh!'

'Crynwr ydy hi! Mi gwelais hi yn y llys.'

Roedd hyn yn ddigon o brawf. Ond beth oedd angen prawf? Roedd Shadrach yn gwnstabl ac felly byddai tipyn o hwyl yn ddigon saff. Os nad oedd yr eneth yn witsh roedd hi'n Grynwr cableddus ac yn haeddu ei chosbi. Os oedd hi'n witsh, rhaid oedd gofalu am ddiogelwch eu plant a'u gwŷr a'u gwartheg.

Roedd yr wynebau gwawdlyd yn awr yn bwrw i lawr arni, yn ei hamgylchynu, yn tynnu ei chap oddi am ei phen ac yn ei daflyd i'r awyr. Teimlai fysedd poeth yn crafu'i gwddw ac yn rhwygo'i gwisg lwyd yn ddarnau.

Cododd ei phen wrth glywed yr enw 'Crynwr!' Yn sydyn ciliodd ei hofnau. Roedd rhywun wrth ei hochr yn gwasgu'i llaw ac yn ei chynnal. Trodd gyda dagrau o ryddhad.

''Nhad!'

Ond doedd yna yr un wyneb ffeind cyfarwydd yno. Dim ond crechwenau a lleisiau gwawdlyd yn gweiddi 'Hw, 'mlaen! How! How!'

Syrthiodd y ffyn ar ei chefn noeth, a gwthiwyd hi ymlaen i waelod y Bont Fawr. Roedd cynyrfusrwydd disgwylgar y dorf i'w deimlo'n amlwg. Fuodd 'na neb yn y Gadair Goch ers amser trochi Betsan Prys, ac roedd si ar led fod y gyfraith yn bwriadu rhoi terfyn ar yr hen arferiad. Cyn bo hir fyddai dim hwyl i'w gael wrth weinyddu cyfiawnder, a dyna gyfraith gwlad yn cymell pob witsh i gael tragwyddol heol i reibio fel y mynnai. Wel, doedd y peth ddim yn gyfraith eto, ac os oedden nhw'n cael gwared â witsh y tro hwn y gwyddid ei bod hi'n Grynwr trwynsur, cableddus, gorau oll.

Daeth rhywrai â'r Gadair Goch ymlaen, hen declyn haearn wedi rhydu o ganlyniad i aml drochiad yn afon Wnion. Gwthiwyd Dorcas iddi, a gollyngwyd y trosol i'w le. Cydiwyd yn y gadair, un bob ochr, gan ddau ddyn sef Shadrach a rhyw ddyn arall a chanddo goesau digon hir i sefyll yn y dŵr dwfn heb ei drochi. Aeth y waedd i fyny:

'Un . . . dau . . . tri . . .'

Chlywodd hi mo'r gweiddi. Roedd hi'n hedfan drwy'r awyr a'i thu mewn yn codi yn ei herbyn. Yna cwffio am ei gwynt a'r dŵr yn canu yn ei chlustiau fel rhaeadr, yn llenwi ei llygaid a'i cheg.

'I fyny â hi, hogia. Rŵan 'ta! Unwaith eto! Un . . . dau . . . tri . . .'

Erbyn y trydydd trochiad roedd Dorcas wedi colli pob ymwybyddiaeth.

Bu Gwallter, y töwr o'r Ganllwyd, yn gwylio'r cyfan gyda dychryn a thosturi. Nid dyma'r tro cynta iddo weld trochiad gwraig yn y Gadair Goch. Yn yr hen amser, peth digon cyffredin oedd hyn, yn rhy gyffredin i ennyn teimlad o unrhyw fath. Ond oddi ar amser y Gwarcheidwad, fe aethant yn anamlach. Hwyrach fod gwg yr ustusiaid yn rhoi mwy o fin ar greulondeb y bobl, hwyrach fod geneth landeg fel hon yn ennyn teimladau mwy cyntefig yn y dynion nag y fyddai hen wrach—ni wyddai Gwallter yn iawn, ond gwyddai fod gweld y peth wedi bod mor ffiaidd iddo â phe bai rhywun wedi ei ddyrnu yng ngwaelod ei fol. Gwaeddodd Shadrach ar y dyn arall i ddal ei afael yn y gadair, i roi trochiad arall iddi.

Tasgau Penodol

- Beth yw'r cysylltiad rhwng yr olygfa hon a'r olygfa gynharach pan ddaeth Shadrach i Fryn-mawr i chwilio am Ellis Puw?

- Beth oedd yn gyfrifol am broblemau meddyliol Shadrach? A oedd hyn yn effeithio ar ei allu i weinyddu cyfiawnder?

- Eglurwch sut yr oedd y Gadair Goch yn cael ei defnyddio i brofi a oedd person yn euog ai peidio. Pa mor deg oedd y prawf yn eich barn chi?

- A oedd y ffaith bod Dorcas yn perthyn i'r Crynwyr yn gwneud i'r bobl fod yn fwy parod i'w herlid a'i chosbi?

- Chwiliwch am bedair nodwedd arddull yn y darn dan sylw.

- Ysgrifennwch gofnod yn nyddiadur Ellis Puw ar ôl y digwyddiad hwn.

SUT AWYRGYLCH?	Golygfa yn llawn tensiwn. Dechrau'n hamddenol gyda disgrifiad o'r bechgyn yn pysgota a'r hen wŷr yn myfyrio. Snadrach yn cyhuddo Dorcas, ac yn nes ymlaen yn ei rhoi yn y Gadair Goch a'i throchi nes ei bod yn anymwybodol.	PWRPAS	Golygfa sy'n arwain at uchafbwynt pan yw Dorcas yn cael ei throchi. Gwrthgyferbyniad rhwng y dechrau pan yw'r bechgyn yn pysgota'n hamddenol ar lan yr afon a'r tensiwn sy'n adeiladu yn nes ymlaen.
TAFODIAITH/ DEIALOG	Iembo; 'rwan 'ta; dyna ddigon wsi; ddeudas; naci wir; ffraeo; hogia; Dyna ti, mech i; reit ddiogel; yli; trol.	PWRPAS	Defnydd o dafodiaith yr ardal yn rhoi lliw i'r golygfeydd a hygrededd i'r cymeriadau. Yn help i leoli'r digwyddiadau (tafodiaith ardal Dolgellau). Lleisiau unigol yn gweiddi allan yn cyfleu ymateb pobl mewn torf.
CYMARIAETHAU	(i) Safodd rhywun yn ei llwybr fel cwmwl ar yr haul. (ii) Ei lygaid yn tanbeidio fel dau gleddyf noeth. (iii) A'i choron hitha'n deilchion mân ar lawr fel pys llygod dan draed. (iv) Ysgydwodd hwnnw ei hun fel ci newydd ddod o'r afon. (v) mor ffiaidd â phe bai rhywun wedi ei ddyrnu yng ngwaelod ei fol/fel petai'n ddyn meddw a phawb arall wedi sobri.	PWRPAS	(i) Arwydd o'r problemau sydd ar y ffordd i Dorcas. (ii) Cymhariaeth yn pwysleisio gorffwylledd Shadrach. (iii) Cyfeiriad at ei fam yn ennill bywoliaeth drwy buteinio. (iv) Yr effaith ar Gwallter yr un fath â'r effaith ar Rowland Ellis (Pennod I). (v) Pan fo pawb arall yn edifar, Shadrach yn dal yn ddiedifar (yn lloerig).
TROSIADAU	(i) a'i choron hithau'n deilchion mân. (ii) y gwaed yn canu yn ei chlustiau.	PWRPAS	(i) Coron oedd y tâl. Coron yn cynrychioli urddas y fam a oedd yn cael ei aberthu. (ii) Cyfleu profiad brawychus Dorcas.
ANSODDEIRIAU	wynebau gwawdlyd; Crynwr cableddus; Crynwr trwynsur; cefn noeth; ffurf lipa; geneth landeg.	PWRPAS	Defnydd o ansoddeiriau yn ychwanegu at y darlun.
IDIOMAU	Chwarae'n troi'n chwerw; si ar led.	PWRPAS	Defnydd o idiomau naturiol Gymraeg.
AILADRODD	"Mam, Mam, Mam"; "Hwyrach, hwyrach"; "Coron, coron, coron."	PWRPAS	Ailadrodd yn cyfleu cyflwr meddwl Shadrach.
NODWEDDION Y CYFNOD	Cyfeiriad at yr arfer o ddefnyddio'r Gadair Goch i brofi hen wragedd.	PWRPAS	Yr olygfa hon yn profi bod y werin yn dal i ddilyn yr hen arferion cyntefig.

Penodau VII-IX

'Ond pa angen sydd i fynd mor bell? Pam na allwn ni weithio ar gyfer Arbrawf Sanctaidd yn ein gwlad ein hunain? Mae'r ysbryd newydd yn cyniwair drwy'r wlad. Mae pobl yn awyddus i'n clywed. Pam gadael ein cartrefi a'n cymdogion a'n dadwreiddio ein hunain yn awr o bob amser?'

Mae o'n meddalu tuag atynt, meddai llais y tu mewn i Marged. Mae o'n ceisio cael atebion da i'r rhwystrau sydd yn ei galon. Gwelodd ei lygaid yn treiddio i wynebau'r ddau arall, yn chwilio am ryw sicrwydd newydd y dymunai ei glywed, a chlywodd law oer yn gwasgu'n dynn yn ei mynwes.

'Dydy pethau ddim mor dawel yn awr, Rowland Ellis, ag a feddyliet ti,' ebe Thomas Lloyd. 'Glywaist ti am ŵr o'r enw Titus Oates? Glywaist ti fel y dywedodd o llynedd iddo ddarganfod cynllwyn Pabyddol i lofruddio'r Brenin? Duw a ŵyr beth oedd ei fwriad, oblegid mae'n hysbys i bawb mai celwydd ydoedd. Ond megis pob amser y bydd y chwedlau hyn yn cael eu lledaenu, fe ddaw rhywun o rywle i'w troi i'w felin ei hun a'u cymryd yn esgus dros ailgychwyn erledigaeth. Maen nhw eisoes wedi restio'r hen Arglwydd Stafford ar y sail fod ganddo ran yn y plot, ac mae o'n debyg o gael ei ddienyddio. Does dim rhaid imi ddweud wrthat ti fel bydd y digwyddiadau pell hyn yn Llundain yn rhwym o roi ffagl yn y tân yn erbyn pawb nad yw'n cydymffurfio ag Eglwys Loegr. Ac fe ddaw'r effeithiau i'w teimlo ym Meirion, gyda hyn.'

'Ond fe ddeudaist ti dy hunan, Thomas Lloyd, nad oedd yn iawn i ni ffoi rhag erledigaeth.'

Crychodd Thomas ei dalcen gydag awgrym o ddiffyg amynedd, os gellid dweud fod dyn o'i hunanfeddiant ef yn meddu gwendid o'r fath, ond torrodd Siôn ap Siôn i mewn:

'Gwir. Ond mae 'na ffordd arall o edrych ar bethau. A dyma'r ofn sydd ar William Penn. Fe gafodd y tir yma, ac y mae'n rhaid iddo wneud defnydd ohono. Tir bras a chyfoethog ydyw, medda fo, a'r perygl mawr yw y byddai'n denu gwladychwyr bydol eu hanianawd pe gosodid y tir ar y farchnad agored. Gwêl William Penn gyfle i ddefnyddio'r rhodd hon er budd Duw a'i Deyrnas drwy ei gyfyngu i blant y goleuni. Oni dderbyniwn yr her, methu fydd hanes y cynllun hwn a ysbrydolwyd yn ddiau gan yr Arglwydd, ac fe â'r tir ffrwythlon hwn i ddwylo dynion o'r byd.'

'Felly. Mae'n ddyletswydd arnon ni adael ein cartrefi i siwtio mympwyon William Penn!'

Trodd y tri dyn at Marged gan synnu at y min anarferol yn ei llais.

'Na, Marged Ellis. Mae gan William Penn ddelfryd fawr a sanctaidd,' ebe Thomas. 'Does dim galw arnon ni i'w feirniadu. Dydy o ddim yn gorfodi neb i fynd. Rhoi'r cyfle yma i ni y mae o. Fe gawn wrthod y cyfle os dymunwn hynny.'

'Cawn, wrth gwrs,' atebodd Marged. 'Ac mi ddeuda'i wrthoch chi be sy'n mynd i ddigwydd rŵan. Mi fydd rhai ohonon ni'n derbyn y cynnig—hwyrach am ein bod ni wedi ein swyno gan y ddelfryd. Bydd rhai eraill ohonon ni'n mynd am fod arnon ni ofn y dyfodol. A bydd rhai eraill eto'n mynd—rhaid i ni wynebu hyn yn onest—am ein bod ninnau, hyd yn oed blant y goleuni, yn agored i gael ein swyno gan y sôn am diroedd breision. Ac fe adewir gweddill yma fel y gadawyd gweddill o amser y proffwyd Eseia ymlaen. Ond gweddill fydd hwn wedi ei wanychu ac wedi ei ddiffrwythloni. Ar ôl i'r dail hyn grino fydd 'na ddim dail newydd yn blaguro yn y rhan yma o'r wlad—byth eto. Nyni fydd wedi gwrthod ein treftadaeth. A heb fod eisiau. 'Dach chi ddim yn gweld? Does dim dewis gynnon ni rŵan, nag oes? Os ydan ni am gadw gyda'n gilydd yn gryf ac yn ddylanwadol, mae'n rhaid i ni gyd fynd.'

Chlywodd Rowland erioed mo Marged yn siarad fel hyn o'r blaen. Estynnodd law allan ar y bwrdd a chydio yn ei llaw hi. Syrthiodd y pedwar i dawelwch fel pe baen nhw mewn Cwrdd. Dim ond Marged ei hun a edrychai fel pe wedi ei dihysbyddu o egni. Roedd croen ei hwyneb fel pe bai wedi ei dynnu'n dynn ac yn wyn o bob ochr i'w thrwyn. O'r diwedd torrodd Siôn ar y distawrwydd.

'Peth rhyfedd ydy cariad at fro. Marged Ellis—dydw i ddim am frifo dy deimladau—ond mae 'na berygl y gall brogarwch gymylu ein cymhellion weithiau. Hwyrach mai hyn sy'n ein cadw ni rhag y wir adnabyddiaeth. Y cwbwl a ddwedaf fi yn awr yw—disgwyliwch wrth yr Arglwydd, ac ewch i b'le bynnag y bydd Ef yn eich arwain. Os teimlwch ar ôl dwysfyfyrio mai ei fwriad yw i chi wrthod y cynnig ac aros yma—bydded felly.'

Cododd ar ei draed, a gwnaeth Thomas Lloyd yr un modd. Gwnaeth Marged ymdrech lew i ymysgwyd o'i diffyg ynni, ond gwrthodasant ei chynnig iddynt fwrw'r noson yno, am eu bod am gael gair gyda theulu Dolserau. Wrth ffarwelio â nhw, teimlai Rowland ei fod ef a Marged wedi eu siomi yn enbyd.

Tasgau Penodol

- Eglurwch beth oedd ymateb cyntaf Rowland Ellis i gynnig William Penn.

- Beth y mae'r olygfa hon yn ei ddangos am gymeriad Marged?

- Pa ddatblygiadau sy'n digwydd ar ôl yr olygfa hon?

- Pam yr oedd y Crynwyr yn cael eu denu gan y syniad o fynd allan i America?

- Chwiliwch am bedair nodwedd arddull yn y darn dan sylw.

- Ysgrifennwch gofnodion yn nyddiadur Rowland Ellis yn dilyn y sgwrs hon.

SUT AWYRGYLCH?	Awyrgylch o densiwn. Thomas Lloyd yn ceisio perswadio Rowland a'i wraig o werth cynnig William Penn. Marged yn amlwg yn gwrthwynebu. Rowland mewn gwewyr meddwl.	PWRPAS	Creu'r syniad o wrthdaro ym meddwl Rowland rhwng dwy ffordd o weithredu – mynd i'r Amerig/aros gartref. Thomas Lloyd a Marged yn defnyddio technegau perswâd.
DEIALOG/ TAFODIAITH	Dadl ynglŷn â chwestiwn y tir ym Mhennsylvania. Thomas Lloyd yn defnyddio technegau perswâd. Marged yn sarcastig. Rowland yn amlwg mewn penbleth. Tafodiaith – "fe ddeudaist ti?"/"'Dach chi ddim yn gweld?"	PWRPAS	Marged yn gallu gosod ei safbwynt yn glir. Araith rymus i geisio argyhoeddi ei gŵr. Dangos cryfder ei chymeriad, ond yn ddigon hyblyg i gytuno â Rowland, yn wahanol i Meg.
CYMARIAETHAU	fel pe baen mewn Cwrdd	PWRPAS	Disgrifio'r awyrgylch dawel oedd yn bodoli yng nghyfarfod y Crynwyr.
TROSIADAU	llaw oer yn gwasgu'n dynn yn ei mynwes rhoi ffagl yn y tân dynesu o'r byd/plant y goleuni Ar ôl i'r dail hyn grino fydd 'na ddim dail newydd yn blaguro yn y rhan yma o'r wlad	PWRPAS	Cyfleu siom Marged ar ôl clywed am y posibilrwydd o fynd i'r Amerig. Pwysleisio'r rhwyg rhwng bywyd y Crynwyr a'r pwyslais ar yr ysbrydol, a phlant y byd, h.y. pobl â'u bryd ar bethau materol. Cyfeiriad at y dail, yn symbol o'r golled i'r ardal.
ANSODDEIRIAU	tir bras a chyfoethog; delfryd fawr a sanctaidd	PWRPAS	Defnydd o ansoddeiriau yn cyfleu swyn y tiroedd pell.
AILADRODD	glywaist ti? glywaist ti?	PWRPAS	Ailadrodd er mwyn pwysleisio'r achosion o ddioddef erledigaeth. Thomas Lloyd yn ceisio perswadio Rowland a'i wraig i dderbyn y cynnig.
IDIOMAU	"troi i'w felin ei hun"; "yn rhwym o roi".	PWRPAS	Defnydd o gystrawen naturiol Gymraeg.
CYFERBYNIAD	Agwedd ymarferol Marged – ei thraed ar y ddaear. Rowland â'i ben yn y cymylau yn cael ei swyno gan y sôn am y tiroedd breision.	PWRPAS	Pwysleisio dwy agwedd bwysig. Mae'n bosibl bod yr ymfudo wedi bod yn elfen bwysig yn nirywiad y mudiad yng Nghymru.
CYFEIRIADAETH	fel y gadawyd gweddill o amser y proffwyd Eseia ymlaen.	PWRPAS	Cyfeiriad at y Beibl yn pwysleisio'r golled i'r wlad ar ôl colli arweinwyr y mudiad.

Cwestiynau Cyffredinol

- Beth yw arwyddocâd y teitl 'Y Stafell Ddirgel'?

- Pa ddwy olygfa bwysig i ddatblygiad y nofel sydd wedi aros yn eich cof? Rhowch amlinelliad o gynnwys y golygfeydd ac eglurwch eu pwysigrwydd i ddatblygiad y nofel.

- Pe baech yn gorfod addasu'r nofel ar gyfer cyfres deledu, pa olygfeydd y byddech yn eu cynnwys a pham?

- Pa themâu sy'n eu hamlygu eu hunain yn y nofel? Canolbwyntiwch ar dair thema gan egluro sut y mae'r awdur wedi eu gwau i mewn i fframwaith y nofel.

- Beth yw eich barn am ddiweddglo'r nofel? Fyddech chi wedi ei newid mewn unrhyw ffordd?

- Pa un o'r cymeriadau yw'r mwyaf lliwgar a chredadwy? Eglurwch y rhan y mae'n ei chwarae yn y nofel a'r ffordd y mae'n rhyngweithio ag un o'r cymeriadau eraill.

ATEBION CNOI CIL

Pwy sy'n Siarad	Â Phwy	Am Bwy?
RHAN I		
Pennod I-III		
1. Hywel Vaughan	Rowland Ellis a Robert	Nans y Goetre
2. Siôn Dafydd, Porthmon	Betsan Prys	
3. Rowland Ellis	Meg	
4. Huw Morris	Rowland Ellis	Ellis Puw
5. Siôn Pyrs	Ellis Puw	Ifan Robarts
6. Ellis Puw	Rowland Ellis	
7. Hywel Vaughan	Jane Owen	
8. Jane Owen	Hywel Vaughan	
Pennod IV-VII		
1. Sinai Robarts	Rowland Ellis	Dorcas
2. Meg	Rowland Ellis	
3. Meg	Huw Morris	Cyfeirio at Rowland Ellis
4. Huw Morris	Meg	
5. Rowland Ellis	Meg	
6. Huw Morris	Meg	
7. Rowland Ellis	Malan	Lisa
8. Huw Morris	Lisa	
YR AIL RAN		
Pennod I-III		
1. Dorcas	Sinai Robarts	
2. Huw Morris	Ellis Puw	Dorcas
3. Jeremy Mellor	Rowland Ellis	
4. Rowland Ellis	Huw Morris	
5. Huw Morris	Lisa	
6. Rowland Ellis	Gwallter	
7. Cwnstabl	Dorcas	
8. Huw Morris	Rowland Ellis	
Pennod IV-VI		
1. Lefi Huws	Rowland Ellis	Ellis Puw
2. Gwallter	Dorcas	
3. Huw Morris	Lisa	
4. Thomas Lloyd	30 o Gyfeillion	
5. Shadrach	Dorcas	
Pennod VII-IX		
1. Rowland Ellis	Ellis Puw	
2. Rowland Ellis	Marged	
3. Y Barnwr Walcott	Thomas Lloyd	
4. Ellis Puw	Rowland Ellis	Sinai
5. Rowland Ellis	Thomas Lloyd a Siôn	
6. Marged	Rowland	Y fintai ar ei ffordd.